Stella Maris Bortoni-Ricardo

SOCIOLINGUÍSTICA EDUCACIONAL

Copyright © 2025 da Autora

Todos os direitos desta edição reservados à
Editora Contexto (Editora Pinsky Ltda.)

Montagem de capa
Gustavo S. Vilas Boas

Diagramação
Cumbuca Studio

Preparação de textos
Mariana Cardoso

Revisão
Daniela Marini Iwamoto

Dados Internacionais de Catalogação na Publicação (CIP)

Bortoni-Ricardo, Stella Maris
Sociolinguística Educacional / Stella Maris Bortoni-Ricardo. –
São Paulo: Contexto, 2025.
160 p.

Bibliografia.
ISBN 978-65-5541-606-0

1. Sociolinguística Educacional I. Título

25-2496   CDD 401.9

Angélica Ilacqua – Bibliotecária – CRB-8/7057

Índice para catálogo sistemático:
1. Sociolinguística Educacional

2025

Editora Contexto
Diretor editorial: *Jaime Pinsky*

Rua Dr. José Elias, 520 – Alto da Lapa
05083-030 – São Paulo – SP
PABX: (11) 3832 5838
contato@editoracontexto.com.br
www.editoracontexto.com.br

Sumário

INTRODUÇÃO 7

PRECURSORES 9

A SOCIOLINGUÍSTICA COMO DISCIPLINA 17

MICRO E MACROANÁLISE 27

SOCIOLINGUÍSTICA VARIACIONISTA 41

SOCIOLINGUÍSTICA INTERACIONAL 49

ETNOGRAFIA 65

PESQUISA EM EDUCAÇÃO 75

SALA DE AULA 95

COMENTANDO A FONOLOGIA DO PORTUGUÊS DO BRASIL 109

CONSIDERAÇÕES FINAIS 119

GUIA DE APROFUNDAMENTO DE LEITURA 125

BIBLIOGRAFIA COMENTADA 139

REFERÊNCIAS 143

ÍNDICE REMISSIVO 151

ÍNDICE ONOMÁSTICO 157

A AUTORA... 159

Introdução

Este é um livro que introduz e discute a área que denominei Sociolinguística Educacional. Releve-se o adjetivo nesse título, porque a pesquisa da área se propõe à solução de problemas relacionados ao trabalho pedagógico. O paradigma reúne abordagens quantitativas e qualitativas, além de se valer de áreas afins, como Pragmática, Etnografia, Linguística do Texto, Linguística Aplicada, Análise do Discurso, entre outras.

O capítulo "Precursores" apresenta esses grandes nomes na anglofonia e no Brasil. No capítulo "A Sociolinguística como disciplina", são discutidos conceitos que dão corpo à disciplina, tais como a distinção entre língua e dialeto; entre forma e função; e entre diglossia e bilinguismo. Já o capítulo "Micro e macroanálise" contempla dimensões macroanalíticas: a padronização de línguas; o latim clássico e vulgar e a Comunidade de Países de Língua Portuguesa (CPLP). É no capítulo "Sociolinguística Variacionista" que se apresentam a regra variável e a consequente microanálise da variação linguística em sala de aula.

Os avanços da teoria dos atos de fala e a sua força ilocucionária vêm no capítulo "Sociolinguística Interacional", enquanto o capítulo "Etnografia" é dedicado a esta no nível da Comunicação e no âmbito da Educação. Esse último aspecto é tratado no capítulo "Pesquisa em Educação", no qual se dá ênfase: i) à metodologia de pesquisa; ii) à Sociolinguística no Brasil; iii) à metodologia dos contínuos e iv) às redes sociais. Fecha-se essa perspectiva, ainda nesse capítulo, com a discussão de sistemas de avaliação nacionais e internacionais, como o Estudo Internacional de Progresso em Leitura (PIRLS), o Programa Internacional de Avaliação Estudantil (Pisa) e o Índice de Desenvolvimento da Educação Básica (Ideb).

Dedicou-se o capítulo "Sala de aula" à análise interacional em sala de aula e às dimensões do ensino e aprendizagem nesse espaço.

Finalmente, o capítulo "Comentando a fonologia do português do Brasil" abre espaço para a dimensão segmental (vogais, consoantes e sílabas) e para considerações sobre a pronúncia do português europeu e brasileiro.

O livro se fecha com o capítulo "Considerações finais", a proposta de um guia de aprofundamento de leitura, uma bibliografia comentada, as referências bibliográficas e os índices remissivo e onomástico.

Precursores

O desenvolvimento da Linguística moderna é atribuído ao pensador suíço Ferdinand de Saussure [1857-1913], influenciado pelas ideias de seu contemporâneo, o francês Émile Durkheim [1858-1917], levando em conta, especialmente, o conceito de fato social, isto é: "Toda maneira de agir fixa ou não, suscetível de exercer sobre o indivíduo uma coerção exterior; ou, ainda, que é geral na extensão de uma sociedade dada, apresentando uma existência própria, independente das manifestações individuais que possa ter" (Durkheim, 2002: 11).

Saussure (1949) postulou o conceito de língua abstrata como um fato social, cuja manifestação individual denominou "fala". Ficou assim criada a primeira dicotomia básica dos estudos linguísticos: língua e fala, segundo a qual todas as manifestações variáveis na comunicação humana pertenceriam ao domínio da fala. Diante dessa crença científica, o ramo interdisciplinar denominado *Sociolinguística* representou uma inovação, ao considerar que também a capacidade de usar tais manifestações variáveis da língua é aprendida pelos falantes e se torna parte de sua competência comunicativa.

Convém aqui nos determos na contribuição do linguista e antropólogo americano Ward Goodenough [1919-2013] (1964). Ele foi um dos pioneiros a mostrar que os membros de uma comunidade têm de aprender o que dizer e como dizê-lo, quando postulou o seu conceito de cultura. "A cultura de uma sociedade consiste em tudo o que uma pessoa tem de conhecer e tudo aquilo em que tem de acreditar, de modo a funcionar de maneira aceitável pelos membros dessa sociedade em qualquer papel social que desempenhe" (Bortoni-Ricardo, 2021: 108). Naturalmente, o "funcionamento aceitável" de que fala Goodenough não se restringe aos processos comunicativos, mas sua definição é relevante na compreensão da aquisição da linguagem.

Outra dicotomia relevante para tal compreensão foi a distinção entre a manifestação da fala em determinado momento histórico e a evolução e mudanças pelas quais a língua passa, e a qual resultou na dicotomia sincronia e diacronia.[1]

Nos estágios anteriores do estudo de língua, a pesquisa já conseguia identificar fatos estruturais, mas não chegara ainda à identificação e variação nas estruturas em vigor. Qualquer flutuação ou distinções na análise das simultaneidades era vista como empréstimo dialetal e tratada no campo da Dialetologia. Dessa forma, "o estudo empírico da mudança linguística estava, portanto, eliminado da Linguística do século XX" (Labov, 1972a: 14; cf. Labov, 2008: 14).

PRECURSORES NA ANGLOFONIA

Mencionaremos, nesta seção, alguns pesquisadores da área de linguagem na anglofonia, que podem ser considerados precursores da Sociolinguística moderna.

A pesquisa do antropólogo teuto-americano **Franz Boas** [1858-1942] sobre línguas ameríndias deu origem a dois importantes conceitos: particularismo histórico – primeiro estudo antropológico do pensamento – e relativismo cultural, o qual preside aos estudos interétnicos e interculturais na contemporaneidade. De acordo com esse segundo conceito, nenhum padrão de uma cultura ou língua deveria ser considerado inferior a outros.

Em que pese a relevância do relativismo cultural, insistimos na conveniência de se postular diferenças funcionais entre culturas que marcam grupos étnicos sociais ou nacionais.

Tais diferenças funcionais podem ser bem dimensionadas se considerarmos o quantitativo lexical de cada língua ou até de variedades de uma mesma língua. Ressalte-se a esse respeito a diferença entre o montante vocabular da língua inglesa, estimado em 250 mil palavras mais o triplo de sinônimos, resultando em 1 milhão de verbetes (Merriam-Webster, 2022) e o respectivo acervo do português, composto por 370 mil itens de acordo com a Academia Brasileira de Letras (ABL). No entanto veja-se que são estimativas, porque a própria ABL observa que a inclusão de palavras no acervo de uma língua segue um ritmo crescente, à medida que se expandem os trabalhos de ciência e tecnologia naquela língua.

As principais obras de Franz Boas são *The Mind of Primitive Man* (1911)[2] e *Anthropology and Modern Life* (1928).[3]

O antropólogo e linguista norte-americano **Edward Sapir** [1884-1939] estudou Filologia Germânica sob orientação de Franz Boas e, juntamente a Benjamin Lee Whorf, dedicou-se à descrição de línguas ameríndias. A partir das peculiaridades dessas línguas, até então não descritas, teorizou sobre a relação entre língua e pensamento. É de Sapir o texto clássico *Language: An Introduction to the Study of Speech* (1921).[4]

Quanto a **Benjamin Lee Whorf** [1897-1941], cabe referir a hipótese que construiu, segundo a qual as peculiaridades entre as estruturas de línguas diferentes explicam como os falantes percebem e conceitualizam diferentemente o mundo. Tal pensamento é conhecido como hipótese Sapir-Whorf. "A cultura refere-se a valores, normas e crenças de uma sociedade. Nossa cultura pode ser pensada como uma lente através da qual experienciamos o mundo e desenvolvemos significados compartilhados" (Williams, 2015. Tradução da autora).[5]

O avanço da hipótese Sapir-Whorf posicionou, no cerne da Sociolinguística moderna, o interesse na descrição de como uma língua usada por um grupo social influencia sua cultura.

Foi o linguista norte-americano **Leonard Bloomfield** [1887-1949] que introduziu o importante postulado "quem se comunica com quem". Ao fazer isso apresenta um nível intermediário que se situa entre os fenômenos linguísticos e não linguísticos.

Atribuem-se a Bloomfield os primeiros desenvolvimentos da Linguística Estruturalista. "A língua ocupa grande parte em nossa vida. Talvez por causa da familiaridade com ela, raramente observamos isso, tomando-a natural como a respiração e o andar. Os efeitos da língua são notáveis e incluem muito daquilo que distinguem o ser humano dos outros animais" (Bloomfield, 1933: 3. Tradução da autora).[6]

Gumperz (1982) expande esse conceito bloomfieldiano e ensina que fatores econômicos, políticos ou geográficos não se refletem diretamente na fala. Eles afetam a língua à medida que canalizam a comunicação verbal entre os falantes e levam alguns indivíduos a terem mais contato verbal com uns do que com outros, dessa forma influenciando o curso da difusão de informações (cf. Bortoni-Ricardo, 1985).

O linguista e teórico literário russo **Roman Jakobson** [1896-1982] foi vice-presidente do Círculo Linguístico de Praga (CLP), escola que tem influência continuada na Linguística e na Semiótica até os nossos dias. Os membros do CLP já se preocupavam com dimensões macrossociolinguísticas. Um exemplo disso é a escala desenvolvida no âmbito deste que postulou três níveis quanto à intelectualização e a complexidade das línguas, quais sejam: a) dialeto de conversação; b) técnico-rotineiro; e c) científico-funcional (Garvin e Mathiot, 1974), que formam as bases para a operacionalização do conceito de diglossia de Charles Ferguson (1959), ao qual retornaremos, no item "Diglossia e bilinguismo", no próximo capítulo.

Garvin e Mathiot (1974) examinaram a ecologia sociolinguística do Paraguai, na qual convivem, exercendo funções distintas, as línguas guarani e castelhano. A primeira, empregada nas conversas casuais e a segunda, nas tarefas burocráticas e literárias e também na mídia.

Emergiram ainda do CLP, sob a orientação de Roman Jakobson (1956), os seis elementos operacionalizados pela teoria da comunicação, a saber:

1. Remetente: aquele que fala, sinaliza ou escreve produzindo um enunciado.
2. Destinatário: aquele(s) a quem se dirige a mensagem produzida pelo remetente.
3. Mensagem: é o conteúdo do enunciado.
4. Contexto: são as condições que envolvem a produção do falante. Elas podem ser físicas ou psicológicas, próximas ou remotas. Muitas vezes, o contexto é definidor da própria mensagem se essa for obscura.

5. Contato: na história humana o contato era entre duas ou mais pessoas. Hoje em dia inclui também os recursos tecnológicos de comunicação.
6. Código: é o sistema de língua usado pelos interlocutores. Observe-se a possibilidade muito frequente de mudança de código, seja uma simples mudança de formalidade, sejam mudanças estruturais.[7]

As obras mais conhecidas de Roman Jakobson são *Fundamentals of Language* (1956)[8] e *Six Lectures on Sound and Meaning* (1978).[9]

A Linguística Estruturalista foi introduzida nos Estados Unidos da América pelo linguista e antropólogo **Kenneth Lee Pike** [1912-2000], autor que deu origem à metodologia tagmêmica e cunhou os sufixos "êmico" e "ético" nos estudo, transculturais. O primeiro, referindo-se a uma cultura específica e o segundo, à descrição linguística em geral. Ele foi um dos criadores do Summer Institute of Linguistics,[10] cujo principal objetivo é a tradução dos textos bíblicos para as línguas ameríndias, e escreveu o livro *The Intonation of American English* (1945).[11]

O linguista norte-americano **Charles Francis Hockett** [1916-2000] contribuiu para o desenvolvimento de redes de comunicação, ao tempo em que tornou mais compreensíveis os conceitos de "idioleto", "dialeto" e "língua". O primeiro referindo-se à língua de um indivíduo, e os demais, como termos subordinados e superordenados: a língua constituída de vários dialetos ou variedades. Pode-se também considerar dialeto o estágio pré-padronização de determinada língua. É de Hockett a obra *A Course in Modern Linguistics* (1958).[12]

O linguista norte-americano **Charles Albert Ferguson** [1921-1998] foi um pesquisador renomado na área de línguas em contato. É dele o conceito de diglossia, que trata das funções dos códigos existentes em uma comunidade bilíngue ou plurilíngue. Um exemplo já consagrado na literatura especializada é o bilinguismo no Paraguai. Observe-se que nem toda situação de bilinguismo ou bidialetalismo é diglóssica, pois essa condição depende de haver uma distinção bem consagrada na comunidade quanto à distribuição de códigos e o domínio de ambas as variedades pelos falantes. Vejamos por exemplo a situação de bidialetalismo no Brasil, que certamente não poderia ser considerada diglóssica, pois os falantes de variedades de menor prestígio não têm fluência na língua padronizada, enquanto os falantes dessa modalidade têm apenas conhecimentos de traços estereotipados das variedades não padrão.

A ampla contribuição de Ferguson para os estudos linguísticos, que vão desde a descrição de línguas árabes e hindus à aquisição da linguagem, ao planejamento e aos estudos de religião e universais linguísticos, foi reunida por Thom Huebner no livro *Sociolinguistic Perspectives: Papers on Language in Society, 1959–1994* (1999).[13]

O psicólogo e sociólogo canadense **Erving Goffman** [1922-1982] introduziu o conceito de *footing*, que é uma mudança no enquadre de alinhamento que assumimos conosco e com os outros. Voltaremos ao tema no capítulo "Sociolinguística Interacional". É de Goffman o livro clássico *Forms of Talk* (1981).[14]

O linguista alemão **John Joseph Gumperz** [1922-2013] faz uma distinção seminal entre a Sociolinguística Interacional (SI) e a Sociolinguística Laboviana, ao defender que a interação humana é constitutiva da realidade social. Segundo Figueroa (1994: 113 ss.), devemos a Gumperz a perspectiva de que a ordem e a estrutura dos enunciados não são determinadas *a priori*, mas são constituídas na própria interação, com base em um conjunto complexo de fatores materiais, experenciais e psicológicos. Trata-se, pois, de uma proposta constitutiva dos papéis sociais que, por sua vez, compõem-se de prerrogativas e deveres em cada domínio social. Foi ainda Gumperz que estabeleceu uma distinção dicotômica entre "teóricos da ação ou conflito" e "teóricos da ordem",[15] que aprofundaremos no capítulo "Sociolinguística Interacional". O autor situa-se entre os primeiros e identifica a Sociolinguística Variacionista na segunda categoria (Bortoni-Ricardo, 2014).

Em 1982, John Gumperz publicou dois livros pela Cambridge University Press: *Discourse Strategies*[16] e *Language and Social Identity,*[17] que se tornaram fundamentais para o estudo da conversação e a SI. Voltaremos ao estudo de John Gumperz no tópico "Redes sociais".

Uriel Weinreich [1926-1967] foi professor de Marvin Herzog [1927-2013] e William Labov [1927-2024], que continuaram sua obra após o falecimento prematuro do mestre. Além de estudos descritivos do iídiche, seu trabalho deu início à evolução das pesquisas em Sociolinguística e Dialetologia; evoluindo a primeira para estudos descritivos quantitativos e a segunda, para trabalhos de descrição da variação geográfica. Seu livro de 1953 – *Languages in Contact*[18] – é considerado hoje em dia um clássico nos estudos sociolinguísticos (cf. Lucchesi, 2009).

William Labov, linguista norte-americano, é considerado o principal nome da Sociolinguística Variacionista, mas tem também trabalhos na área de Análise da Conversação. Seus principais livros datam de 1972: *Sociolinguistic Patterns*[19] e *Language in the Inner City,*[20] ambos publicados pela University of Pennsylvania Press. Neste livro, dedicaremos o capítulo "Sociolinguística Variacionista" ao seu trabalho.

O nome pioneiro da Sociolinguística Variacionista no Reino Unido é **Peter Trudgill**, professor da Universidade de Essex e ex-professor das Universidades de Reading, Lausanne e Fribourg na Suíça. Suas principais obras são *Sociolinguistics: an Introduction to Language and Society* (1983)[21] e *Dialects in Contact* (1986).[22]

PRECURSORES NO BRASIL

Aduzimos aqui os nomes de estudiosos brasileiros da linguagem, que dedicaram sua atenção à vertente dialetológica, mas essa relação está longe de ser exaustiva.

O poeta, folclorista, filólogo e ensaísta **Amadeu Amaral** [1875-1929] foi autor de um dos primeiros levantamentos dialetológicos no Brasil, concentrando-se no dialeto caipira em São Paulo, berço desse falar. Dali, a variedade expandiu-se para o oeste, chegando a Minas Gerais e Goiás, à medida que a colonização seguiu seu curso. O principal legado do autor foi o livro *O dialeto caipira* (1920).[23]

O professor pioneiro na Universidade de Brasília, **Nelson Rossi** [1927-2014], usou uma metodologia clássica dos levantamentos da variação linguística regional que resultou no primeiro atlas dialetológico brasileiro, fonte de consulta ainda muito producente nos dias atuais: *Atlas prévio dos falares baianos* (1963). Sua obra incluiu uma rede de 50 localidades em 16 zonas fisiográficas do estado da Bahia.

O pesquisador **José Aparecido Teixeira** estudou o dialeto caipira em Minas Gerais: *O falar mineiro* (1938); e em Goiás: *Estudos de dialectologia portuguesa: a linguagem de Goiás* (1944).

A região do sul de Minas foi o campo de pesquisa de **Antônio José Chediak** [1916-2007], membro da Academia Brasileira de Letras (ABL) e estudioso de Machado de Assis, que publicou o artigo *Aspectos da linguagem do espraiado* em 1958; e também de **João Alves Pereira Penha**, um dos primeiros lexicólogos nacionais, autor de *Nos domínios da língua portuguesa* (1959). Mais recentemente, temos o trabalho de **Hildo Honório do Couto**, dialetólogo e crioulista, que publicou o *Falar capelinhense: um dialeto conservador do interior de Minas Gerais* (1997).

Cabe mencionar aqui também importantes linguistas brasileiros que dedicaram, entre outras obras, reflexões sobre a questão dialetológica.

O pioneiro **Joaquim Mattoso Câmara Jr.** [1904-1970], fundador da Associação Brasileira de Linguística (Abralin), estudou a variedade dialetal no Rio de Janeiro. Suas principais obras são: *Para o estudo da fonêmica portuguesa* (1953), *Dicionário de linguística* (1956), *Estrutura da língua portuguesa* (1970), *Dispersos* (1972), *História e estrutura da língua portuguesa* (1975).

É do filólogo **Antenor Nascentes** [1886-1972], a obra *A gíria brasileira* (1953). Foi ele que produziu ainda as *Bases para a elaboração do atlas linguístico do Brasil* (1958), trabalho pioneiro que está na origem dos diversos atlas dialetológicos regionais no Brasil (cf. UFBA, 2022).

O conhecido gramático **Gladstone Chaves de Melo** [1917-2001] publicou, em 1946, a obra *A língua do Brasil*, na qual o autor estabelece comparações relevantes entre o português falado na Europa e o português brasileiro.

Nessa mesma vertente, o filólogo **Álvaro Ferdinando de Sousa da Silveira** [1883-1967] escreveu o livro *Lições de português* (1923) que influenciou descrições fonológicas posteriores do português brasileiro.

O professor **Aryon Dall'Igna Rodrigues** [1925-2014], conhecido estudioso das línguas ameríndias do Brasil, também incursionou pela Dialetologia. É dele a constatação de que existem de fato muitas pronúncias padrão nas diferentes regiões brasileiras e não apenas uma única variedade padrão no português do Brasil (Rodrigues, 1967).

O professor **Ataliba Teixeira de Castilho** foi sócio-fundador da Abralin, a qual presidiu no biênio 1983-1985. Coordenou os seguintes projetos de pesquisa: Projeto NURC/SP (1970-1988), Projeto de Gramática do Português Falado (1988-2011) e Projeto Para a História do Português Brasileiro, equipe de São Paulo (1995 a 2011), que renderam muitos livros, entre os quais *Gramática do português falado* (1990), que ele organizou. É professor emérito da Faculdade de Filosofia, Letras e Ciências Humanas da Universidade de São Paulo (FFLCH-USP) e professor colaborador da Universidade Estadual de Campinas (Unicamp).

O filólogo e enciclopedista **Antônio Houaiss** [1915-1999], mais conhecido contemporaneamente pelo dicionário que leva seu nome, tem relevantes contribuições na área de política do idioma, bem como nos estudos dialetológicos (cf. Houaiss, 1985).

O professor **Serafim da Silva Neto** [1917-1960] é considerado por muitos como um pioneiro dos estudos sociolinguísticos no Brasil, quando distingue a história interna da língua – sua evolução fonológica – da história externa da língua na qual aponta três fases, em função "das várias composições da população brasileira, com as variáveis 'branco', 'negro' e índio' [...] [indicando] como, no decurso de quatro séculos, umas linguagens reagiram sobre outras, sempre no sentido da preponderância daquela que representava o mais e perfeito meio de civilização: o português" (Silva Neto, 1950/1977: 67).[24]

A primeira fase indicada por Silva Neto (1950) vai de 1532, no início da colonização, até a expulsão dos invasores holandeses em 1654. Segue-lhe a segunda, entre 1654-1808, marcada pelo aumento da imigração do reino, concluindo pela terceira, que teve início em 1808, data conhecida da transferência da Corte para o Brasil, como estratégia do príncipe regente Dom João para evitar ser derrotado por Napoleão (Silva Neto, 1950/1977).

O filólogo **Sílvio Edmundo Elia** [1913-1998] deixou uma relevante contribuição na descrição das variedades do dialeto caipira e a sua gradual substituição pelo português no repertório dos brasileiros no período colonial. Seu trabalho mais relevante é *Ensaios de filologia e linguística* (1975).

O sintaticista **Manuel Said Ali Ida** [1861-1953], a par do trabalho de normatização gramatical em sua *Gramática secundária* e *Gramática histórica da língua portuguesa* (1931), contribuiu também para a descrição contemporânea da fonologia do português brasileiro.[25]

Em resumo, este capítulo trouxe, como precursores da Sociolinguística, nomes da Linguística moderna, como Ferdinand de Saussure e Émile Durkheim. Descreveu o conceito de fato social, referindo-se à dicotomia língua e fala e apresentou a Sociolinguística como uma inovação, situando-a como parte da competência comunicativa, conforme proposta por Dell Hymes (1974).
Foi introduzido o conceito de cultura, de acordo com Ward Goodenough, ampliando-se a noção de "funcionamento aceitável". Introduziu-se também a dicotomia "sincronia e

diacronia", até então tratada no âmbito de empréstimos dialetais no campo da Dialetologia. Foram referidos os seguintes precursores da Sociolinguística moderna na anglofonia: Franz Boas, Edward Sapir, Benjamin Whorf, Leonard Bloomfield, Roman Jakobson, Kenneth Pike, Charles Hockett, Charles Ferguson e Erving Goffman, com suas principais contribuições. Também citados os precursores no Brasil, como Amadeu Amaral, Nelson Rossi, José Aparecido Teixeira, Antônio José Chediak e Hildo Honório do Couto.
Foram feitas ainda menções a pesquisadores brasileiros que abordaram a questão dialetológica, embora não sejam considerados dialetólogos: Joaquim Mattoso Câmara Jr., Antenor Nascentes, Gladstone Chaves de Melo, Álvaro Ferdinando Souza da Silveira, Aryon Dall'Igna Rodrigues e o pesquisador contemporâneo, professor Ataliba Teixeira de Castilho.

Notas

[1] Ambas as palavras são formadas pelo termo "*cronos*" do Grego, que significa "tempo", mais os prefixos "*sin*", que exprime simultaneidade e "*dia*", que indica afastamento.
[2] *A mente do ser humano primitivo.*
[3] *Antropologia e vida moderna.*
[4] *A linguagem: introdução ao estudo da fala.*
[5] "Culture refers to the values, norms, and beliefs of a society. Our culture can be thought of as a lens through which we experience the world and develop shared meaning" (Williams, 2015).
[6] "Language plays a great part in our life. Perhaps because of its familiarity, we rarely observe it, taking it rather for granted, as we do breathing or walking. The effects of language are remarkable and include much of what distinguishes man from the animals" (Bloomfield, 1933: 3).
[7] A mudança de código ou *code-switching* tem sido amplamente estudada (cf. Blom e Gumperz, 1972).
[8] *Fundamentos da linguagem.*
[9] *Lições sobre o som e o sentido.*
[10] *Instituto de Linguística de Verão.*
[11] *A entonação do Inglês americano.*
[12] *Curso de linguística moderna.*
[13] *Perspectivas sociolinguísticas: textos em língua e sociedade.*
[14] *Formas de fala.*
[15] A tradição da Análise Crítica do Discurso dedica-se principalmente a questões relacionadas a ação ou conflito.
[16] *Estratégias do discurso.*
[17] *Língua e identidade social.*
[18] *Línguas em contato.*
[19] *Padrões sociolinguísticos.*
[20] *A língua no interior da cidade.*
[21] *Sociolinguística: uma introdução a língua e sociedade.*
[22] *Dialetos em contato.*
[23] Estamos citando algumas obras de cada autor mencionado, mas recomendamos que o leitor pesquise outras obras que não estão aqui citadas.
[24] Vemos que a citação de Silva Neto (1950/1977) se apoia na crença da superioridade de um código linguístico e respectiva cultura sobre outros.
[25] A descrição da fonologia do português, em sua norma brasileira, está comentada ao longo do capítulo "Comentando a fonologia do português do Brasil".

A Sociolinguística como disciplina

A Sociolinguística é um campo de estudo interdisciplinar que nasceu na década de 1960 nos Estados Unidos, com base nos estudos de linguistas, sociólogos e antropólogos norte-americanos e europeus.

Até meados do século XX, os estudos de linguagem postulavam uma uniformidade do código linguístico, considerando que a variação no interior desse código fosse uma questão de decadência ou a influência vitanda da linguagem oral.

No verão de 1964, o linguista americano Einar Haugen [1906-1994] escreveu um artigo para o Seminário de Sociolinguística no Instituto de Linguística na Universidade de Indiana, dirigido por Charles Ferguson, no qual discutia a dificuldade de se distinguir os conceitos de língua e dialeto.

> Os dois termos são melhor compreendidos na perspectiva de sua história. Em inglês, ambas as palavras são empréstimos do francês. 'Língua' é a mais antiga, tendo parcialmente deslocado palavras nativas como '*tongue*' [língua] e '*speech*' [fala], já no inglês médio. A mais velha citação no *Oxford English Dictionary* é de 1290. [...] A palavra francesa é mais tardia, sendo derivada do latim 'língua' com a forma provável '*linguaticum*' referida no século XII. 'Dialeto', por outro lado, surge primeiro na Renascença, como um empréstimo erudito do grego. (Haugen, 1972: 98. Tradução da autora)[1]

Em uma perspectiva sincrônica, ainda segundo Haugen (1972), "língua" pode ser um código em processo de dissolução, ou resultar da unificação de variedades ou dialetos. Esse autor, já àquela altura, aceitava que "língua" era um termo superordenado, enquanto "dialeto" era subordinado e sempre relacionado a uma língua. "Daí que todo dialeto é uma língua, mas nem toda língua é um dialeto" (Haugen, 1972: 99. Tradução da autora).[2] Ele observa que o termo "língua" pode ser empregado sem referência a dialetos. Dialeto, por outro lado, não faz sentido a menos que se considere que há outros dialetos, todos pertencentes a uma língua.

Esse texto pioneiro de Einar Haugen (1972) foi muito relevante para que os estudos de linguagem passassem a considerar cada língua humana não mais como uma entidade uniforme, mas sim como um conjunto possível de variedades ou dialetos. Vamos trabalhar com esses conceitos – língua e dialeto – de forma introdutória e depois passaremos a discuti-los considerando a realidade social e linguística de nosso país.

LÍNGUA E DIALETO/FORMA E FUNÇÃO

Há que se levar em conta quatro aspectos do desenvolvimento de um código linguístico, estabelecendo uma evolução razoavelmente aceitável na transição entre a realidade de um dialeto e de uma língua: dito de outra forma, na transição de um dialeto vernacular a uma língua padrão. São eles:

1. seleção da norma;
2. codificação da forma;
3. elaboração da função;
4. aceitação pela comunidade.

Para explicá-los, Haugen (1972) apresenta a Matriz 1:

Matriz 1 – Matriz do desenvolvimento de um código linguístico

	Forma	Função
Sociedade	Seleção	Aceitação
Língua	Codificação	Elaboração

Fonte: Haugen (1972: 110).

Segundo o autor, podemos distinguir forma e função, como na Matriz 1, mas há uma área em que os dois conceitos se sobrepõem: a elaboração de função resulta em complexidade de forma e, pelo contrário, na unidade de forma há rigidez de função (Haugen, 1972: 108). Para ele, o processo de interação entre forma e função vai constituir-se no estilo. Observa ainda que a rigidez do código pode limitar seu uso apenas a objetivos formais.

O exemplo que Haugen (1972) traz é a evolução do sânscrito em prácrito,[3] latim e línguas românicas. Quando a distinção entre a forma oral e escrita se tornou muito ampla no processo histórico, poucas pessoas se davam ao trabalho de aprender ambas as modalidades, dominando apenas uma delas.

Esse autor acrescenta que a variedade padrão tende a tornar-se um dos estilos distintos na comunidade de fala e avança para o que Ferguson (1959) denominou diglossia, que é uma separação relevante entre estilo alto e baixo de um mesmo código. Se essa distinção não é muito intensa, o que se dá é um contínuo entre os estilos alto e baixo.

Voltando à Matriz 1, temos que a seleção da forma é um processo sócio-histórico, enquanto a aceitação pertence à área da avaliação linguística e atitudes (cf. Bortoni-Ricardo, 2014). Usamos o termo "sócio-histórico" porque o processo é consequência da evolução histórica do povo usuário daquela língua. Veja-se que o próprio Haugen (1972) postulou os conceitos de dialeto, língua e nação como base de seus estudos linguísticos.

Determinado grupo social, uma etnia, ou até uma nação, que atinja um lugar proeminente em termos de prestígio e poder, tenderá a impor os seus modos de falar aos estamentos hierárquicos inferiores. Esse movimento está diretamente relacionado à formação histórica dos falantes. Entende-se dessa forma como o latim, originário do Lácio, no centro da península itálica, tornou-se a língua mais importante em todo o Império Romano, dando origem às inúmeras línguas neolatinas na Europa.

> Lácio é a região central da Itália que faz fronteira com o Mar Tirreno. Sua principal cidade, Roma, é a capital da Itália e foi o núcleo do antigo Império Romano. Suas ruínas icônicas incluem o Coliseu, um Anfiteatro onde cabia uma plateia de milhares de pessoas. Ao litoral, o antigo Porto de os Ostia ainda conserva mosaicos detalhados e um teatro. No interior, temos os Montes Apeninos, com reservas naturais, lagos e vilarejos construídos com pedras. (Central, 2022. Tradução da autora)[4]

Quando o Império Romano se esboroa, sua língua transforma-se em várias outras, sob a influência e o contato das línguas dos povos que impuseram a derrota à Roma. "A origem do Império Romano no Ocidente é estimada no ano 27 a.C., sendo o nascimento de Jesus Cristo o ano zero da Era Cristã. O seu final deu-se por volta de 476 d.C." (Bortoni-Ricardo, 2021: 25 apud Faraco, 2016).

A constituição de uma norma inclui, portanto, a aceitação de seus falantes, melhor dizendo, a imposição a eles da norma associada ao poder e, consequentemente, ratificada pelas atitudes desses falantes que aderem ao modo mais prestigioso de falar.

Uma vez cumprido o processo de seleção e sua contraparte de aceitação, uma língua passa pelo estágio de codificação, o qual compreende as sucessivas ações políticas visando à padronização. Elas incluem a feitura de dicionários e guias ortográficos, a definição de regras de pronúncia (ortoépia) e de regras de escrita (ortografia), além das gramáticas escolares. A reação da comunidade de fala, atribuindo valor estético e nômico[5] à norma selecionada, faz parte do que Haugen (1972) atribui à função de elaboração.

Temos de considerar também que, em meados do século XIX, a *intelligentsia* europeia passa a atentar sistematicamente para a variação linguística em um território, dividido por isoglossas, isto é, fronteiras dialetais. Esse avanço na descrição de variedades geográficas era difícil de ser conciliado com a língua como conceito invariável. Surge então, como um recurso descritivo, a noção de "variação livre" no repertório do indivíduo, observando-se que tal variação não o impediria de comunicar-se com compreensão com seus interlocutores. Para fazer face a essas circunstâncias conceituais sócio-históricas, na época pouco desenvolvidas e, supostamente, não conciliáveis, os estudiosos postularam a Gramática Comparativa, que procurou descrever as diferenças entre línguas, levando em conta uma tipologia linguística.

Haugen (1972) observa ainda que os linguistas pioneiros assumiram para si a descrição da estrutura linguística uniforme e invariável, enquanto um novo grupo de estudiosos, que passaram a ser denominados sociolinguistas, se encarregou da questão funcional. Esses últimos viam a língua como um meio de comunicação entre falantes de diversos dialetos. Estavam criadas as raízes da Sociolinguística como disciplina, cujo foco principal era a postulação de uma língua padrão em oposição às variedades não padrão e o próprio processo de padronização.

Em 1962 Charles Ferguson propôs que o código padrão de uma comunidade fosse classificado em duas dimensões, a saber: a) o grau de padronização (St.[6] 0, 1, 2); e b) sua utilização na escrita. Seguindo esse segundo parâmetro, ele atribuiu zero às línguas ágrafas, como as línguas aborígenes americanas.[7]

No caso de línguas padronizadas em mais de uma modalidade, Ferguson (1962) atribuiu o grau um, referindo-se às seguintes línguas: armênio, grego, servo-croata e hindi, ou até ao norueguês em território europeu, enquanto o grau dois servia para identificar línguas com uma única modalidade de padronização, nas quais havia apenas distinções mínimas entre seus diversos propósitos de emprego. Essa terminologia fergusiana contribuiu definitivamente para que o conceito de dialeto, como variedade subdesenvolvida, fosse abandonado e deu impulso ao crescimento da Sociolinguística, seja como um campo de pesquisa estrutural e funcionalista, seja como disciplina aplicada ao ensino de línguas.

DIGLOSSIA E BILINGUISMO

Charles Ferguson foi um linguista norte-americano cujo trabalho também traz contribuições para o estudo da variação e mudança linguísticas. Seu nome está diretamente relacionado ao conceito de diglossia, como vimos, que ele postulou em 1959 e que se refere a uma ecologia linguística em que coexistem dois sistemas funcionalmente diferenciados, na forma e nas atitudes dos falantes. Nesses casos, as duas línguas mantêm entre si uma função de complementaridade (cf. Bagno, 2017: 91 ss.).

Na teoria originalmente proposta, um desses sistemas é a variedade alta e o outro a variedade baixa. Nem sempre é fácil identificar essa situação, porque a diglossia pode coocorrer com o bilinguismo, mas pode haver diglossia sem bilinguismo ou bilinguismo sem diglossia. Joshua Fishman [1926-2015] sintetizou essas condições na Matriz 2 (1967) a seguir, muito mencionada nos compêndios de Sociolinguística (cf. Bagno, 2017: 91 ss.).

Matriz 2 – Diglossia e bilinguismo

(1)	Diglossia e bilinguismo	(2)	Bilinguismo sem diglossia
(3)	Diglossia sem bilinguismo	(4)	Nem diglossia nem bilinguismo

Fonte: Fishman (1967: 30).

Como já vimos, um exemplo geralmente referido de diglossia é o do bilinguismo no Paraguai, onde cerca de 90% da população fala guarani e uma porcentagem um pouco menor fala também o espanhol. Ambas as línguas são consideradas oficiais.

Garvin e Mathiot examinam a ecologia sociolinguística do Paraguai e descrevem a distribuição diglóssica entre as línguas guarani e castelhano, cada uma delas exercendo na comunidade de fala paraguaia funções bem distintas. É em guarani que as pessoas conduzem geralmente suas conversas espontâneas. Já na implementação das tarefas burocráticas, midiáticas e literárias, é mais comum o uso do castelhano. (Bortoni-Ricardo, 2014: 40)

Outro exemplo é o do português usado no arquipélago de Cabo Verde, que convive com línguas aborígenes onipresentes nas interações espontâneas, e é usado na escola como um código de ensino (Melo, 2021).

Foi ainda Joshua Fishman (1972) que introduziu a disciplina Sociologia da Linguagem, na qual contemplou especialmente as questões de planejamento linguístico, educação bilíngue e a correlação entre linguagem e etnia.

Cabe aqui uma menção ao trabalho de Ralph Fasold, que publicou os volumes *The Sociolinguistics of Society* (1984) e *The Sociolinguistics of Language* (1990). No primeiro acolheu temas como multilinguismo, bilinguismo, diglossia, atitudes linguísticas, manutenção e mudança linguísticas e, especialmente, o planejamento e a padronização das línguas vernáculas.

Ralph Fasold dedicou o segundo livro à Etnografia da Comunicação, ao Discurso, à Linguagem e Sexismo, à Pragmática Linguística, às implicaturas conversacionais, às línguas *xpidgins* e crioulas e à variação linguística e as múltiplas aplicações da disciplina (cf. Bortoni-Ricardo, 2014: 13 ss.).

O primeiro linguista que se referiu aos aspectos analíticos micros e macros da Sociolinguística foi John Gumperz (1982a). Esses últimos equivalem, grosso modo, ao que Fishman (1972) denominou Sociologia da Linguagem. Seu trabalho é coetâneo do trabalho do antropólogo canadense Erving Goffman.

A confluência desses estudos na América do Norte deu origem a uma vertente mais tardia da Sociolinguística, que veio a ser chamada Sociolinguística Interacional (SI).

A Sociolinguística Interacional, iniciada por John Gumperz e associados, distingue-se da Sociolinguística Variacionista ou Correlacional: enquanto o objeto desta última circunscreve-se, basicamente, à descrição quantitativa da variação linguística, intra e interindividual, na Sociolinguística Interacional o método heurístico é interpretativo e, seu objeto, o estudo do papel que as estratégias comunicativas desempenham no processo de produção e reprodução da identidade social na interação humana. Como observam Gumperz & Cook-Gumperz (1982), tal modelo visa analisar a conversação contextualmente situada, associando construtos sociais, sociocognitivos e linguísticos e concentrando-se em estratégias discursivas. Ao examinar as práticas comunicativas dos membros de uma coletividade, merecem atenção especial os processos de interpretação dos significados referenciais e sociopragmáticos. (Bortoni-Ricardo, 2005: 156 ss.)

Para Goffman (2002), em um ato de fala, os falantes se ratificam mutuamente, o que resulta na distribuição dos turnos de fala e na estabilidade da atenção.

O Quadro 1 é uma proposta de metodologia para análise de estratégias de comunicação (cf. Bortoni-Ricardo, 2014: 151 ss.).

Quadro 1 – Proposta de metodologia para análises interacionais

1	**Características estruturais e sociocomunicativas do evento**
	1.1 Gêneros discursivos 1.2 Papéis sociais 1.3 Exercício e a negociação do poder
2	**Processo interpretativo**
	2.1 Pressuposições contextuais 2.2 Informação básica ou de *background* 2.3 Inferências ou mecanismos usados para negociar a interpretação 2.4 Avaliação ou modo como os participantes se dirigem reflexivamente à atividade que está sendo constituída
3	**Uso da língua ou práticas verbais**
	3.1 Organização do raciocínio lógico 3.2 Recursos de metalinguagem[8] 3.3 Tarefas comunicativas ou tipos discursivos: narração, justificação, enfatização, argumentação, descrição etc. 3.4 Recursos suprassegmentais: entoação, ritmo, intensidade

4	Regras dialógicas
	4.1 A tomada do turno
	4.2 Início, sobreposição, conclusão
	4.3 Recursos fáticos: atenuação ou mitigação
	4.4 Regras de polidez
	4.5 Conflito
5	Linguagem não verbal
	5.1 Proxêmica
	5.2 Postura
	5.3 Decoração facial
	5.4 Gesticulação

Fonte: Bortoni-Ricardo (2014: 151 ss.).

Para essa corrente contribuiu também a Análise Contextual e a Etnografia, mais particularmente, a Microetnografia, a qual se volta para as interações face a face entre os falantes (cf. Bortoni-Ricardo, 2014: 145 ss.).

Esther Figueroa (1994) aponta a relevância dos aspectos suprassegmentais e prosódicos na SI. Note-se ainda que a principal distinção que John Gumperz (1982a) faz entre a chamada SI e a Sociolinguística Variacionista ou Laboviana é que, para a primeira, a interação humana é constitutiva da realidade social e, consequentemente, dos papéis sociais, enquanto a segunda trabalha com uma realidade correlacional entre a fala humana e os fatores de natureza social e psicológica predeterminados. Podemos definir papéis sociais como um conjunto de prerrogativas e de deveres em determinado domínio social (Bortoni-Ricardo, 2014: 147).

Gumperz (1982a) denominou pistas de contextualização qualquer elemento no discurso que contribui para sinalizar pressuposições contextuais e indicar aos participantes se a comunicação está sendo bem veiculada e bem interpretada. Como exemplos, ele cita mudanças de código (de língua, de dialeto ou estilo), fenômenos prosódicos, como intensidade e ritmo, e a seleção de vocabulário e de estruturas sintáticas (cf. Bortoni-Ricardo, 2014: 148). Na dinâmica de uma conversa, os falantes avaliam os objetivos de cada participação de seu interlocutor e a confirmam ou não confirmam.

Convém também trazer à nossa discussão o Princípio de Cooperação proposto pelo filósofo da linguagem Paul Grice [1913-1988] (1975), que se valeu dos estudos do prussiano Immanuel Kant [1724-1804] (1781) e postulou quatro máximas. A primeira delas, de quantidade, refere-se à necessidade de que o falante seja informativo e despreze o que não contribui para esse propósito. A segunda, de qualidade, é o compromisso de falar sempre a verdade. A terceira, e a mais importante para a fluência da conversa, é a máxima de relação ou de relevância, isto é, a contribuição de um falante deve levar em conta o tópico da conversa, bem como o interesse dos participantes. Quando uma criança aprende a conversar ela está aprendendo a fazer contribuições relevantes para a conversa. Vejam-se, a propósito, os "prefácios" "e por falar nisso", "isso me faz lembrar" etc., que demonstram a relevância do turno do falante para o tema da conversa (cf. Bortoni-Ricardo, 2021: 54). A última máxima griceana é a de maneira, que inclui as seguintes obrigações:

1. seja claro;
2. evite obscuridade;
3. evite ambiguidade;
4. seja breve;
5. seja ordenado.

É sempre importante lembrar que essas máximas não são mandatórias, mas de fato descrevem comportamentos observáveis em muitas culturas, variando, contudo, em intensidade de uma cultura para a outra. Dependendo da natureza do evento, dos papéis sociais e dos objetivos a serem perseguidos na conversa, essas máximas poderão variar. Por exemplo, em um depoimento judicial elas serão mais observadas que em uma conversa casual.

É igualmente importante que a máxima "seja claro" pode conflitar-se com o que a linguista Robin Lakoff (1973) trouxe à consideração: "seja polido". Muitas vezes, é necessário ampliar um enunciado para incluir frases que o tornem mais amigável. Por exemplo:

Lembre-se de trazer o texto que lhe pedi, "se tiver tempo ou se não lhe for incômodo".

O trecho aspeado tem por objetivo tornar o ato de fala mais polido.

Em resumo, este capítulo retomou a origem da Sociolinguística como área interdisciplinar, para a qual contribuíram a Linguística, a Sociologia e a Antropologia. Aludiu ao fato de que a variação linguística, considerada até então como uma decadência, passou a ser objeto de estudo. Deteve-se na distinção haugeana entre língua e dialeto. Foi a partir de Haugen que os estudos da língua passam a vê-la como um conjunto de variedades ou dialetos em cuja evolução há de se considerar a seleção da norma, a codificação da forma, a elaboração da função e a aceitação pela comunidade, que Haugen situa em uma matriz. Para o autor, o processo de interação entre forma e função resulta no estilo, o que ele exemplifica em línguas antigas, arcaicas e contemporâneas. Outro linguista, Charles Ferguson, propôs o termo diglossia, separando estilo alto e baixo do mesmo código. Veja-se que a seleção da forma é processo sócio-histórico, enquanto aceitação pertence à área de avaliação linguística e atitudes. Um grupo social proeminente tenderá a impor seus modos de falar aos inferiores. Como exemplo, ele cita o latim e as línguas neolatinas. A seleção e a aceitação de uma língua conduzem a sua codificação (padronização), ou seja, elaboração de dicionários, guias ortográficos, proposição da ortoepia, da ortografia e gramáticas escolares.

Em meados do século XIX, a variação linguística leva à postulação de fronteiras dialetais e à noção de variação livre. Esses processos resultaram na Gramática Comparativa e, em última instância, na criação da Sociolinguística como disciplina.

Para Charles Ferguson, torna-se necessário classificar o código padrão em duas dimensões: o grau de padronização e a utilização na escrita, em que zero é atribuído às línguas ágrafas. O autor distingue também línguas padronizadas em mais de uma modalidade, o que contribuiu

para o crescimento da Sociolinguística como pesquisa estrutural e funcionalista aplicada ao ensino de línguas.
Discutiu-se também a diglossia e o bilinguismo e a associação desses dois conceitos.
Fez-se menção ao trabalho de Ralph Fasold quanto a tipos de comunidades existentes e ao planejamento e padronização. Esse autor ainda dedicou um segundo livro à Etnografia da Comunicação, à Pragmática, à Linguística e às línguas pidgins e crioulas, indicando múltiplas aplicações dessas disciplinas.
Foi John Gumperz o primeiro a referir-se aos aspectos micro e macro da Sociolinguística, corroborando o trabalho de Joshua Fishman, bem como o de Erving Goffman. Absorvendo essas análises, surge, mais tardiamente, a SI, método heurístico-interpretativo, que se volta para estratégias comunicativas. Em conclusão, discutiu-se uma metodologia para análise de estratégias de comunicação, finalizando-se com o Princípio de Cooperação de Paul Grice.

Notas

[1] "The two terms are best understood against the perspective of their history. In English, both words are borrowed from French. Language is the older, having partially displaced such native words as 'tongue' and 'speech' already in Middle English. The oldest attestation in OED is from 1290. [...] The French word is itself late, being a popular derivate of Latin lingua with the probable form '*linguaticum*', first attested in the twelfth Century, Dialect, on the other hand, first appears in the Renaissance, as a learned loan from Greek" (Haugen, 1972: 98).

[2] "Every dialect is a language, but not every language is a dialect" (Haugen, 1972: 99).

[3] O prácrito designa uma família de línguas faladas na Índia antiga.

[4] "Lazio is a central Italian region bordering the Tyrrhenian Sea. Its principal city, Rome, is Italy's capital and was at the heart of the ancient Roman Empire. Its iconic ruins include the Coliseum, an amphitheater that seated thousands. On the coast, the ancient port of Ostia still retains detailed mosaics and a theater. Inland are the forested Apennine Mountains, with nature reserves, lakes and stone-built villages" (Central, 2022).

[5] Nômico: que tem sua origem na lei (Dicionário Michaelis, 1998).

[6] St. é a abreviação de *standardization*.

[7] A língua inglesa é a mais usada contemporaneamente como língua impressa. Segundo a Internet Society Foundation, as línguas mais usadas nessa rede são: o inglês (55%), o espanhol (5%), o russo (4,9%), o alemão (4,3%), o francês (4,2%), o japonês (3,7%) e o português (2,4%). Línguas como o turco, persa, italiano, holandês e chinês são menos usadas do que o português. Geralmente, os resumos de textos científicos escritos em qualquer língua são vazados em inglês.

[8] A metalinguagem é uma forma especializada de uma língua ou um conjunto de símbolos usados na descrição da própria estrutura da língua (Cambridge Dictionary, 2024).

Micro e macroanálise

Pode-se considerar o nascedouro da Sociologia a primeira metade do século XIX. O filósofo francês Auguste Comte [1798-1857], que postulou a doutrina positivista, entendia que o ápice desse movimento veio com a Revolução Industrial.

Três pesquisadores são geralmente referidos como pioneiros da disciplina: Karl Marx [1818-1883], Émile Durkheim e Max Weber [1864-1920]. Na evolução da Sociologia, convencionou-se distinguir, em seu interior, um nível micro e um nível macro. O primeiro volta-se às dimensões microssociais nas relações humanas, por exemplo, a análise das contribuições sucessivas e complementares na conversação e interações verbais, enquanto o segundo ocupa-se das dimensões transindividuais nas comunidades sociais.

Distinção semelhante é encontrada na corrente Sociologia da Linguagem,[1] posteriormente denominada Macrossociolinguística, em cujo transcurso Fishman (1972) identificou aspectos macro e micro de análise.

A Macrossociolinguística se ocupa com os processos e comportamentos linguísticos em instituições como partidos políticos, entidades sociopolíticas e outras organizações governamentais. Interessa a esse nível da Sociolinguística a distribuição de variedades linguísticas em diferentes esferas de poder e, especialmente, os padrões de planejamento de uma língua (cf. Hartig, 1980).

O nível micro da Sociologia da língua é também referido como Etnometodologia e Análise da Conversação. Um dos seus principais focos é a mudança de código. Grande parte desse processo de mudança de código é funcionalmente metafórica e indica um contraste de ênfase (do gracejo à seriedade; da concordância à discordância; do essencial ao secundário em qualquer interação em processo, em uma língua ou variedade). Os interlocutores podem variar quanto a sua participação na mudança de código, dependendo das relações de papéis sociais que a conversa institui (Fishman, 1972: 36). Quanto a esses, observe-se que

> Quaisquer dois ou mais interlocutores em uma certa comunidade (ou, mais restritamente, no interior de uma rede de fala da comunidade) têm de reconhecer as relações de papéis sociais que existem entre eles a qualquer momento. Tal reconhecimento é parte do partilhamento de normas e comportamentos do qual depende a existência da comunidade de fala. São exemplos das

relações de papéis sociais a conversa entre pai e filho; marido e mulher; professor e aluno; patrão e empregado (Goodenough, 1965 apud Fishman, 1972: 37. Tradução da autora)[2]

Em suma, as relações de papéis são implicitamente reconhecidas e aceitas como um conjunto de direitos e obrigações mútuas entre os membros de uma sociedade, que são aprendidas desde a infância. Gumperz (1964) distingue relações pessoais das transacionais. Essas últimas são mais formais, enquanto as primeiras são mais fluidas e variadas.

É oportuno citar aqui a crítica que faz Erving Goffman (1976) quanto à ausência de interesse sociológico relativo à interação microssocial. Para esse pioneiro, a par de abordagens relativas à classe social, casta, grupos etários, gênero, região geográfica de origem, níveis de escolaridade, que nos permitem identificar um indivíduo em um espectro macrossocial, é necessário entender como funcionam as relações sociais em uma dimensão microanalítica. Ele chamou a atenção para o caráter sociossimbólico nas interações sociais.

> A conversa é socialmente organizada, não apenas em termos de quem fala para quem em que língua, mas também como um pequeno sistema de ações face a face que são mutuamente ratificadas e ritualmente governadas, em suma, um encontro social. Uma vez que um estado de conversa tenha sido ratificado, é preciso haver pistas à disposição para requisitar a palavra e cedê-la, para informar o falante quanto à estabilidade do foco de atenção que está recebendo. Uma colaboração íntima deve ser mantida para assegurar que um turno de fala nem se sobreponha ao anterior em demasia, nem careça de um acréscimo conversacional supérfluo, já que o turno de alguém deve estar sempre e exclusivamente em andamento. Se há pessoas presentes à situação social, mas não ratificadas como participantes no encontro, então o nível de som e o espaçamento físico terão que ser administrados para demonstrar respeito por esses outros indivíduos que estão à volta sem, contudo, demonstrar desconfiança em relação a eles. (Goffman, 1976/2002: 15)

A dimensão sociossimbólica é especialmente adequada porque evoca a gama de funções estilísticas e sociais de uma língua, para além da função estritamente referencial.

Além do conteúdo conversacional, Goffman (1976) destacou a decoração facial, isto é, as expressões faciais dos interagentes, bem como os seus gestos e a proxêmica[3] (ou distância) entre eles. A todas essas dimensões chamou de estruturas gramaticais da interação. Na apreensão dessas estruturas, Goffman indicou restrições sistêmicas relativas à acessibilidade física e social entre os falantes, particularmente o seu perfil e o papel social de cada um no evento.

Os elementos dessa gramática lhe permitiram distinguir interações pessoais e transacionais, essas últimas geralmente públicas e mais afetas à Macrossociolinguística, que já ocupavam o interesse dos estudiosos do CLP – entre eles Roman Jakobson –, quando postularam uma escala de três níveis relativa à intelectualização e à complexidade das línguas: i) dialeto de conversação; ii) técnico-rotineiro; e iii) científico funcional (Garvin e Mathiot, 1974). Também o emprego da noção fergusiana de diglossia pode-se incluir na dimensão macrossociolinguística.

Ainda no âmbito da Macrossociolinguística, podemos encontrar recursos para descrever a distribuição de uma língua em um território, inclusive identificando regiões sociais e geográficas monolíngues, bilíngues ou plurilíngues. Veja-se a propósito a evolução da língua portuguesa em nosso país.

Durante os dois primeiros séculos de ocupação portuguesa no Brasil, o português conviveu com línguas numericamente minoritárias e também com o tupi, presente em toda a costa brasileira.[4] A partir do século XIX, a ecologia linguística brasileira perpetrou um verdadeiro processo glotofágico, à medida que os europeus dominavam o território colonizado, impondo sua cultura e sua língua. Essa política voltada para o monolinguismo tem paralelo no desenvolvimento do alfabetismo no Brasil.

O pesquisador da Georgetown University, Ralph Fasold (1984), em seu volume dedicado à Sociolinguística da sociedade, inclui nesse campo também o estudo de atitudes e análise da vitalidade linguística. Os estudos de atitudes são de fato um indicador para aferição da vitalidade das línguas e deslocamento de uma língua por outra, isto é, a preservação de um código em detrimento de outros.

Atitude linguística pode ser definida como "um sistema relativamente permanente de reações de avaliação de ordem afetiva, que é baseado em conceitos aprendidos, com relação a um objeto social ou a uma classe de objetos sociais e que os reflete" (Shaw; Wright, 1967: 3). Os estudos sobre atitude linguística têm trazido contribuições para questões educacionais, tais como aquisição de língua segunda e percepção de habilidades dos alunos em salas multiétnicas, e ainda para questões de política linguística: a escolha de língua em sociedades multilíngues, a distribuição diferencial de códigos, as diferenças dialetais e a inteligibilidade mútua (cf. Agheyisi; Fishman, 1970: 137). Mas sua principal relevância é encontrada na análise da mudança linguística, como nos ensina Trudgill (1974: 35): "Os linguistas dão atenção às atitudes subjetivas com relação à língua, pois elas são importantes, por exemplo, no estudo da mudança linguística e frequentemente ajudam a explicar por que, quando e como um dialeto muda".

Veja-se, por exemplo, nos estudos da formação de um falar brasiliense, a pesquisa de Djalma Cavalcante Melo (2010), que examinou como universitários em Brasília avaliaram sotaques brasileiros, atribuindo-lhes prestígio na seguinte ordem decrescente: i) o brasiliense; ii) o carioca; iii) o gaúcho; iv) o goiano; v) o paulista do interior; vi) o pernambucano.[5]

O termo "vitalidade linguística" foi usado por Giles, Bourhis e Taylor (1977) para descrever três fatores de importância na manutenção de uma língua, a saber: apoio institucional, *status* e concentração demográfica. Suzanne Romaine (1989) é muito didática quando apresenta razões para a mudança ou a morte de uma língua. Os estudos de mudança linguística têm-se concentrado na transição pela qual passa a comunidade, de um *status* monolíngue para uma transição bilíngue, até a extinção eventual da língua original. As condições de bilinguismo, diglossia e mudanças de código, segundo a autora, são fatores que levam ao deslocamento e eventual desaparecimento de uma língua. Vemos que eles podem explicar também a vitalidade linguística. Romaine (1989: 41) ainda cita fatores externos como a força numérica do grupo em relação a outras minorias ou à maioria demográfica, tradição religiosa e educacional, padrões de povoamento em regiões colonizadas, grau de semelhança entre línguas minoritárias e a majoritária, extensão de casamentos exógamos como causas possíveis da manutenção ou perda da língua. Onde coexistem muitas línguas, a extensão da perda é mais alta. Na análise externa[6] do português no Brasil, alguns desses fatores serão recuperados (ver no capítulo "Pesquisa em Educação" – tópico "A Sociolinguística no Brasil").

A propósito, convém referirmos a reflexão de Marcos Bagno (2017: 281) sobre a morte de línguas. O autor refere-se à morte de uma língua porque todos os seus falantes originais morreram sem deixar sobreviventes, ou porque os seus falantes gradualmente adotaram uma língua diferente. Quando todos os falantes de uma língua morrem, não há uma troca de línguas, que existe, naturalmente, quando os falantes adotam uma nova língua.

No primeiro caso, temos o dálmata, língua que foi falada na Dalmácia (Iugoslávia), e o caucasiano. No segundo caso, mais comum, temos a evolução do latim em osco, umbro, sículo, lepôntico, lusitano, tartéssio, lígure, etrusco, galaico, gaulês, rético etc. que evoluíram nas línguas neolatinas (Bagno, 2017). Observe-se, a propósito, que muitas das línguas brasileiras [indígenas] correm o risco de desaparecerem em virtude do extermínio de seus falantes ao longo da colonização brasileira.

> Em sentido técnico, línguas antigas como o sânscrito e o latim não morreram, embora popularmente seja comum se referir a elas como "línguas mortas". Na realidade, elas se transformaram paulatinamente por transmissão ininterrupta de uma geração à seguinte e se subdividiram em variedades regionais que foram mais tarde, por vicissitudes históricas e socioculturais, reconhecidas como línguas independentes. (Bagno, 2017: 281)

É necessário, portanto, que as línguas consideradas brasileiras sejam cientificamente descritas e uma medida salutar nesses casos é a de capacitar alguns de seus falantes para essa tarefa.

PADRONIZAÇÃO DE LÍNGUAS

Uma questão relevante é examinar como uma variedade de uma língua torna-se padronizada e detentora de prestígio. Vejamos como se deu esse fenômeno no Brasil.

Embora a colonização portuguesa tenha começado no início do século XVI, a língua que predominou na Colônia até quase o fim do século XVII foi a língua geral dos tupinambás.[7]

Observe-se que a Colônia portuguesa na América do Sul era o lócus de um multilinguismo instável, onde conviviam línguas locais ameríndias, a língua geral,[8] falada pelos aborígenes e até por descendentes dos colonizadores, e a língua portuguesa, preservada pela elite administrativa, mas que, provavelmente, se manifestava com diferentes graus de interlíngua ou variedades pidginizadas de base portuguesa (cf. Naro, 1981).

> A existência de variedades pidginizadas nos primeiros séculos da colonização suscita uma interessante polêmica: Naro e Scherre (2007) não abonam a hipótese da crioulização em território brasileiro e preferem explicar as alterações do português local como um fenômeno de transmissão linguística irregular. Essa polêmica foi particularmente examinada por Lucchesi (2008), que apontou a maior incidência da alteração da língua portuguesa no Brasil Colônia em comunidades rurais de origem afro-brasileira.

Veja-se ainda que foram introduzidos no Brasil, entre os séculos XVI e XIX, cerca de quatro milhões de escravos africanos (Gomes, 2007), os quais eram falantes de línguas autóctones e de variedades pidginizadas do português. No entanto não há registro oficial no Brasil de uma língua crioula como em outras colônias portuguesas. Não se pode perder de vista, porém, que condições demográficas com predominância de portugueses, a partir do século XVII, e a descoberta de ouro e pedras preciosas em território nacional tenham sustado a crioulização, embora não impedissem a evolução do português não padrão.

> O contato de línguas, a ausência de um sistema educacional e a ínfima circulação de textos escritos em português, já que até 1809 era proibida na Colônia qualquer atividade de imprensa, contribuíram para formar no Brasil uma variedade dialetal do português oral muito distinta da língua falada e escrita em centros urbanos em Portugal e, posteriormente, no Brasil. (Bortoni-Ricardo, 2011: 29 ss.)

Convém trazer também à consideração do leitor versos recolhidos por Serafim da Silva Neto (1977: 34) citando Mimoso (1620), os quais se assemelham a um crioulo de base portuguesa:

> Oya que mim sadoyente
> Tapua, e sar mu Gaçados
> Se bos nom bem meus mandados
> Sar negros mu negro zente

Resposta:
Nos não coiesse esso zente
Pro que há de feça fazê?
Zente que sa tão premozas
A remudar condiçãos
A remetè fecãnos⁹
Há reser muto morrozas.

Como o tráfico negreiro durou cerca de quatro séculos (de 1550 até 1850 com a Lei Eusébio de Queirós), havia uma permanente interação entre primeira, segunda, terceira e outras gerações de escravos nascidos no Brasil e os que haviam chegado recentemente da África, os quais formavam um segmento demográfico crescente da população: no século XVI havia cerca de cem mil escravos negros. Dois séculos mais tarde esse número crescera para 1,3 milhão (Silva Neto, 1950/1977). Não há números exatos da introdução de africanos no Brasil, porque esses arquivos foram destruídos por ordem de Ruy Barbosa [1849-1923], então ministro da Fazenda, em 1890.

Estima-se que o número de escravos africanos trazidos para o Brasil ao longo dos séculos coloniais seja de 3,5 milhões a 3,6 milhões, provavelmente o maior número de transposição intercontinental de pessoas da história humana (Goulart, 1975: 272). Acrescente-se o fato de que, ao contrário de outras regiões latino-americanas, onde havia uma língua predominante como o asteca no México, e as línguas quíchua e aimará na região andina, as línguas brasileiras eram múltiplas e seus falantes foram exterminados ou empurrados para o oeste.

Gilberto Freyre [1900-1987] (1936/1968: 356-7) chama a atenção para o fato de que a preocupação dos caboclos, até o início do século XIX, era a de parecer branco, por isso adotaram a língua, religião e o modo de vida europeus.[10] Vestígios da língua geral permaneceram na toponímia e na antroponímia, além de um pequeno número de itens lexicais (Bortoni-Ricardo, 2011: 28-9).

Os chamados "ciclo do ouro" e o "ciclo do gado" seguinte favoreceram a ocupação do interior do país com o aumento da imigração portuguesa. "Segundo Silvio Elia (1975: 303), a população do país, em 1690 não chegava a totalizar 300.000 pessoas. Mas, cem anos mais tarde, depois da corrida do ouro, havia atingido 3.000.000" (Bortoni-Ricardo, 2011: 29).

Além desse crescimento demográfico da população de origem lusa, o prestígio da língua portuguesa deve ter contribuído para sua disseminação. Silva Neto (1950/1977: 76) chama a atenção para essa "fronteira linguística móvel". Paralelamente, ocorreu também a preservação de falares regionais/rurais em áreas interioranas, infensas à influência padronizadora das poucas cidades litorâneas.

Dialetos como o "caipira" preservaram marcas do processo de refonologização, mantendo ainda traços arcaicos do português. A sintaxe e, especialmente, o sistema morfológico flexional sofreram redução, manifesta nas regras de concordância verbal e nominal (Bortoni-Ricardo, 2011: 30).

Em síntese, a implantação do português, como a língua mais falada na Colônia, pode ser explicada pelos seguintes fatores:

a. aumento da imigração portuguesa entre os séculos XVI e XIX;
b. institucionalização da língua promovida pela Metrópole;[11]
c. estratificação da sociedade colonial e o consequente prestígio da elite;
d. tendência para a urbanização, especialmente em comunidades litorâneas;
e. expulsão dos jesuítas de Portugal e das colônias em 1759 por Marquês de Pombal [1699-1782] e a supressão da Companhia de Jesus em 1773 pelo papa Clemente XIV [1705-1774].

Em 1808, a Corte portuguesa, acossada pelo exército de Napoleão, estabeleceu-se no Rio de Janeiro, até então uma vila insalubre de 15 mil habitantes. Para a socióloga Maria Isaura Pereira de Queiroz [1918-2018] (1978), esse fato não deveria ser considerado início da "urbanização", pela ausência de concomitante industrialização. Seria antes uma difusão cultural mais ampla do modo de vida burguês ocidental, eminentemente urbano. A industrialização ficou dependente da disponibilidade de recursos econômicos, o que haveria de ocorrer cerca de trinta anos mais tarde. "Mas deve-se notar que tanto no caso do Rio de Janeiro quanto da cidade de São Paulo, a adoção de um modo urbano de vida e consequente clivagem entre a cultura popular do interior e a cultura cosmopolita das cidades litorâneas precedeu em muitas décadas o desenvolvimento industrial do país, que só se iniciou no final dos anos 1940" (Bortoni-Ricardo, 2011: 32).

Convém citar também a diferença feita pelo antropólogo inglês Aidan Southall [1920-2009] (1973) entre urbanização econômica e social e os diversos graus entre elas. Enquanto a industrialização na Europa e América do Norte foi primeiramente econômica e depois social, no restante do mundo – inclusive no Brasil – ocorreu o contrário. A urbanização brasileira, de fato, pode ser definida como um conjunto complexo que inclui a introdução de tecnologia mecânica no interior, o êxodo rural, a difusão da mídia e a melhoria dos meios de transporte, esses últimos contribuindo para uma relativa integração das comunidades interioranas na sociedade nacional (Bortoni-Ricardo, 2011: 33).

A Tabela 1, baseada em fontes do IBGE, sintetiza esse processo de urbanização do Brasil desde o final do século XIX até o século XXI.

Tabela 1 – Crescimento da população total e da população urbana do Brasil

Ano	População total	População urbana	% de população urbana
1872	9.930.478	582.749	5,9
1890	14.333.915	976.038	6,8
1900	17.438.434	1.644.149	9,4

1920	30.635.605	3.287.488	10,7
1940	41.236.315	12.880.182	31,24
1950	51.944.397	18.782.891	36,16
1960	70.967.185	31.990.938	45,08
1970	93.204.379	50.600.000	56,00
1980	119.098.992	80.478.602	67,60
1990	157.000.000	110.990.990	75,60
2000	169.799.170	137.697.439	81,20
2010	190.755.799	160.879.708	84,33
2020	211.755.692	179.399.422	84,72

Fonte: Instituto Brasileiro de Geografia e Estatística (IBGE), Censo Demográfico.

Observe-se que, nas décadas de 1920 a 1940 – no período getulista – e nas décadas de 1960 a 1970, houve maiores incrementos do percentual de população urbana, que passou a ser majoritária em relação à população rural. Foi nesse período que a capital do Brasil deixou o litoral e foi estabelecida no interior do país.[12]

No presente século, o crescimento da urbanização tem sido tímido, aumentando cerca de 3,5% nos últimos vinte anos.

O LATIM CLÁSSICO E O LATIM VULGAR

É adequado, a esta altura, revermos as noções de latim clássico e latim vulgar para melhor entendermos as origens do português como língua neolatina. O Latim Clássico era o código da comunicação escrita no Império Romano, especialmente o registro de sua história. Era também utilizado nas produções poéticas e oratórias, como em Cícero [106 a.C.-43 a.C.]. O latim vulgar, por outro lado, era efetivamente usado pela população. Era a língua dos soldados e mercadores e, portanto, foi essa modalidade da língua que se expandiu pelas regiões conquistadas e colonizadas pelos romanos. No Quadro 2, resume-se a história de Portugal entre os séculos XII a XIX.

Quadro 2 – Reis de Portugal nos séculos XII a XIX

REIS DE PORTUGAL MEDIEVAL			
	Nome	Filiação	Reinado
	Casa de Borgonha			
1	Afonso Henriques (Afonso I) O Conquistador	Henrique de Borgonha Teresa, Condessa de Portugal	1139-1185

2	Sancho I de Portugal O Povoador	Afonso I de Portugal Mafalda de Saboia	1185-1211
3	Afonso II de Portugal O Gordo	Sancho I de Portugal Dulce de Aragão	1211-1223
4	Sancho II de Portugal O Capelo	Afonso II de Portugal Urraca de Castela	1223-1248
5	Afonso III de Portugal O Bolonhês	Afonso II de Portugal Urraca de Castela	1248-1279
6	Dinis I de Portugal O Lavrador	Afonso III de Portugal Beatriz de Castela (Infanta de Castela)	1279-1325
7	Afonso IV de Portugal O Bravo	Dinis I de Portugal Isabel de Aragão	1325-1357
8	Pedro I de Portugal O Cruel	Afonso IV de Portugal Beatriz de Castela (D. Brites)	1357-1367
9	Fernando I de Portugal O Inconstante	Pedro I de Portugal Constança Manuel	1367-1383
Período de interregno 1383-1385 (Revolução de Avis)			
Casa de Avis			
10	João I de Portugal O de Boa Memória	Pedro I de Portugal Teresa Lourenço	1385-1433
11	Duarte I de Portugal O Eloquente	João I de Portugal Filipa de Lencastre	1433-1438
12	Afonso V de Portugal O Africano	Duarte I de Portugal Leonor de Aragão	Primeiro reinado 1438-1477 Segundo reinado 1477-1481
13	João II de Portugal O Príncipe Perfeito	Afonso V de Portugal Isabel de Coimbra	Primeiro reinado 1477-1477 Segundo reinado 1481-1495
14	Manuel I de Portugal e do Brasil O Venturoso	Fernando, Duque de Viseu Beatriz de Portugal	1495-1521
15	João III de Portugal e do Brasil O Piedoso	Manuel I de Portugal Maria de Aragão e Castela	1521-1557
16	Sebastião I de Portugal e do Brasil O Desejado	João Manuel, Príncipe de Portugal (oitavo filho de João III) Joana da Áustria	1557-1578

17	Henrique I de Portugal e do Brasil O Casto	Manuel I de Portugal Maria de Aragão e Castela	1578- 1580
	Crise sucessória de 1580		
18	António I de Portugal e do Brasil O Prior do Crato	Luís de Portugal, Duque de Beja Violante Gomes	1580-1580
	Casa de Habsburgo		
19	Filipe I de Portugal e do Brasil O Prudente	Carlos V da Áustria Isabel de Portugal	1581-1598
20	Filipe II de Portugal e do Brasil O Piedoso	Filipe I de Portugal Ana da Áustria	1598-1621
21	Filipe III de Portugal e do Brasil O Grande	Filipe II de Portugal Margarida da Áustria	1621-1640
	Casa de Bragança		
22	João IV de Portugal e do Brasil O Restaurador	Teodósio II, Duque de Bragança Ana de Velasco e Girón	1640-1656
23	Afonso VI de Portugal e do Brasil O Vitorioso	João IV de Portugal Luísa de Gusmão	1656-1683
24	Pedro II de Portugal e do Brasil O Pacífico	João IV de Portugal Luísa de Gusmão	1683-1706
25	João V de Portugal e do Brasil O Magnânimo	Pedro II de Portugal Maria Sofia de Neuburgo	1706-1750
26	José I de Portugal e do Brasil O Reformador	João V de Portugal Maria Ana da Áustria	1750-1777
27	Maria I de Portugal e do Brasil A Piedosa	José I de Portugal Mariana Vitória da Espanha	1777-1815
28	João VI de Portugal e do Brasil O Clemente	Pedro III de Portugal Maria I de Portugal	1816-1826

Fonte: a própria autora.

D. Afonso VI de Leão e Castela (rei de 1065-1109), para expulsar os muçulmanos que haviam invadido a península ibérica desde o século VIII, aliou-se a nobres franceses [normandos] entre os quais estava Henrique de Borgonha, que recebeu do rei, provavelmente em 1096, o chamado Condado Portucalense – centro-norte de Portugal, entre os rios Mondego e Minho – agrupando os antigos Condados de Portucale e de Coimbra, que foram destacados de Galiza sem que houvesse, contudo, um corte cultural abrupto entre a região original e o novo Condado. Segundo historiadores, a separação política mais perene, entre a Galiza e o que viria a ser Portugal, só começou após a Batalha de São Mamede em 1128 (Faraco, 2016: 17).

Nessa Batalha, Afonso Henriques vence o exército de sua mãe, Teresa, Condessa de Flandres. Após essa vitória, avança para o sul, na campanha contra os muçulmanos, ampliando o Condado, que se consolidou como Reino Autônomo de Portugal, território do qual é sagrado rei em 1139. Afonso Henriques seria rei subordinado ao imperador Afonso VII de Leão e Castela, que somente o reconheceu como rei em 1143, em Zamora. De acordo com Bernardo Vasconcelos e Sousa (2010):

> Para o monarca leonês e castelhano, que se havia proclamado imperador em 1135, tal reconhecimento não significava uma dissolução do vínculo vassálico entre os dois. Afonso Henriques seria rei, mas subordinado ao seu imperador, neste caso Afonso VII. A visão do rei português era, claro está, diferente. Ao mesmo tempo em que foi reconhecido pelo primo, o monarca português prestou homenagem ao papa Inocêncio II, afirmando que o considerava como seu único senhor. Excluía, portanto, qualquer espécie de subordinação a Afonso VII (Sousa, 2010: 32 apud Faraco, 2016).

Trinta e seis anos depois, o papa Alexandre III reconheceu-lhe *status* de rei. Durante esse período feudal, de um século e meio, Portugal lutou contra os mulçumanos e também contra Castela.

Foi só nos últimos anos do século XIII, no reinado de D. Dinis – filho e sucessor de Afonso III (bisneto de Afonso Henriques) e sexto rei de Portugal, entre 1279 e 1325, que a língua vernácula superou o latim e passou a ser usada no aparelho jurídico e administrativo em Portugal. Nesse reinado cessa a vassalagem de Portugal à Castela, continuando, porém, a vassalagem ao papa.

> Foi, portanto, no correr do século XIII que a língua românica vernácula progressivamente ascendeu, em Portugal, à condição de língua do aparelho jurídico-administrativo em decorrência da conjuntura que assistia ao aumento da complexidade da estrutura do Estado e à rarefação do conhecimento do latim (Faraco, 2016: 23).

Ainda segundo Faraco (2016), o prestígio dos especialistas em leis, que dominavam o latim em Portugal, foi-se expandindo a partir do século XIV. Ele cita, a propósito, Faoro [1925 se 2003] (1984: 49):

> As Cortes de 1385 [que elevaram o Mestre de Avis a rei de Portugal com o título de D. João I] distinguem quatro ordens de pessoas, capazes de tomar assento no plenário das decisões políticas: prelados, fidalgos, letrados, cidadãos. Ao lado das outras três, ganha relevo o letrado, cuja matéria-prima constituirá o aparelho público da fazenda, justiça e administração superior. (Faoro, 1984: 48)

Veja-se também que a língua falada no extremo oeste da península ibérica somente foi denominada portuguesa após o século XV.

No reinado de D. João IV (rei de 1640-1656) foi expedida uma Carta de Lei, determinando que os médicos e cirurgiões escrevessem suas receitas em língua portuguesa, para que todos as pudessem entender. Não há, de fato, um marco pontual em que se impõe a língua vernácula sobre o latim. O que houve, naturalmente, foi uma evolução gradual, como de fato ocorre na evolução das línguas (cf. Faraco, 2016).

> A consolidação da Monarquia portuguesa como um poder central – num contexto histórico em que o poder dos senhores feudais (aí incluídos os bispos) no plano local era ainda muito forte – foi, portanto, um complexo processo que se estendeu longamente no tempo. [...] É inegável o empenho dos sucessivos monarcas para que tal consolidação ocorresse. Foi parte desse labor a construção de uma ordem jurídica emanada do rei, absorvendo preceitos dos direitos romano, canônico e consuetudinário, mas também criando regras específicas para a nova realidade do reino, como, por exemplo, a norma de D. Dinis, que proibia às ordens religiosas a herança dos bens de seus membros; ou a detalhada regulamentação do trabalho dos tabeliães; ou ainda, as várias normas processuais e administrativas. (Faraco, 2016: 20)

Faoro (1984) ainda destaca nesse processo a figura do chanceler-mor do reino, João das Regras, que defendeu a posição das Cortes na escolha do novo rei. Os letrados, no século XVI, consolidaram-se como *nobreza de cargo* em contraste com a *nobreza de sangue* (cf. Faraco, 2016).

Foi a Chancelaria Real castelhana, no reinado de D. Fernando III (1230-1252), que começou a adotar a língua vernácula por volta de 1230, em meados do século XIII, completando-se, ao final do século, no reinado castelhano do avô materno de D. Dinis, D. Afonso X. Já em Portugal, o processo teve início com a redação do testamento de Afonso II em língua românica vernácula em 1214. Mas só cinquenta anos mais tarde voltou a aparecer em documentos oficiais, convivendo, nesse período, com documentos oficiais escritos em castelhano.

COMUNIDADE DOS PAÍSES DE LÍNGUA PORTUGUESA

A Comunidade dos Países de Língua Portuguesa (CPLP) é uma comunidade de países e povos que partilham a língua portuguesa como língua principal ou minoritária. Provavelmente, é a única comunidade internacional em que o liame seja a língua. Sua criação deveu-se muito aos esforços do embaixador do Brasil em Lisboa, José Aparecido de Oliveira, na década de 1990 (CPLP, 2023). A comunidade reúne os seguintes países, cuja ecologia linguística está sintetizada no Quadro 3:

Quadro 3 – Principais línguas usadas na CPLP

Países	Línguas
Portugal	português e mirandês.
Brasil	português e 180 línguas minoritárias aborígenes.
Angola	português, umbundo, quimbundo, quicongo, tshócue, ganguela, cuanhama e dezenas de outras línguas africanas.
Cabo Verde	português e crioulo cabo-verdiano.
Guiné-Bissau	português, crioulo da guiné-bissau e outras línguas africanas.
Guiné Equatorial	espanhol, francês, português e línguas africanas.
Moçambique	português e dezenas de línguas de origem banto.
São Tomé e Príncipe	português, crioulos portugueses como o forro, o angolar, principense e crioulo cabo-verdiano.
Timor-Leste	tétum, português, ataurense, aiqueno, becais, búnaque, cauaimina, fataluco, galóli, habo, idalaca, lovaia, macalero, macassai, mambai, quémaque e tocodede.

Fonte: Bortoni-Ricardo (2021: 40), baseada em Wikipédia (2019).

A língua portuguesa é o idioma mais falado no hemisfério sul e a quarta mais falado no mundo, com um total de 260 milhões de falantes. No Brasil, quase a totalidade da população tem o português em seu repertório. No caso das populações aborígenes, o português se preserva como língua segunda.

Em resumo, este capítulo situa o nascedouro da Sociologia na primeira metade do século XIX e cita Auguste Comte e a doutrina positivista. Faz referência a três pioneiros dessa disciplina: Marx, Durkheim e Weber e à distinção entre um nível micro (dimensões microssociais nas relações humanas e interações verbais) e um nível macro (dimensões transindividuais), remetendo à Sociologia da Linguagem (Fishman).

A Macrossociolinguística ocupa-se de comportamentos linguísticos em instituições (partidos políticos etc.), bem como com o planejamento da língua. O nível Microssociolinguístico contempla a Etnometodologia e Análise da Conversação, voltando-se especialmente para a mudança de código e introduzindo o conceito de papéis sociais – conjunto de direitos e obrigações. Remete à distinção entre relações pessoais e transacionais e contempla a crítica de Erving Goffman sobre a pouca relevância dada à dimensão microanalítica. Esse autor aponta para a gama de funções estilísticas e sociais de uma língua, destacando, além do conteúdo, a decoração facial, gestos e a proxêmica.

Faz ainda referência à escala de três níveis de Roman Jakobson e também à noção fergusiana de diglossia. Esses conceitos são ilustrados com fatos da evolução da língua portuguesa no Brasil, inclusive o processo glotofágico contra as línguas nativas.

O capítulo refere-se também ao estudo de atitudes e análise da vitalidade linguística, conforme Fasold. Detém-se na formação de um falar brasiliense e outras variedades regionais brasileiras. Amplia a discussão sobre vitalidade linguística, bilinguismo, diglossia e morte de línguas, ilustrando-os.

Discute o processo de padronização de línguas e traz a possibilidade de terem existido variedades pidginizadas no início da colonização brasileira, recuperando versos recolhidos por Serafim da Silva Neto. Informa sobre os [quase] quatro milhões de escravos africanos trazidos para o Brasil, e ainda compara a situação linguística do Brasil Colônia com a de outros países latino-americanos.

> Detém-se em fatos históricos (ciclo do ouro e ciclo do gado), que contribuíram para o que Silva Neto chamou de fronteira linguística móvel. Discute características do dialeto caipira e levanta cinco fatores para a predominância do português no país: a) aumento da imigração portuguesa; b) institucionalização da língua em Portugal; c) estratificação da sociedade colonial; d) tendência para a urbanização; e e) expulsão dos jesuítas, concluindo com a transferência da capital do Império para o Rio de Janeiro. Esclarece sobre urbanização econômica e social e traz dados sobre o crescimento da população urbana no Brasil.
>
> Recupera as noções de latim clássico e latim vulgar e organiza a sequência histórica dos reis de Portugal Medieval, trazendo à baila fatos históricos na implantação do português no extremo oeste da península. Conclui-se o capítulo com uma notícia sobre a CPLP.

Notas

[1] Em Bortoni-Ricardo (2005), considerei como Microssociolinguística a que se volta prioritariamente para a descrição da variação e mudança linguísticas. Já a Macrossociolinguística abriga em sua agenda o processo de comunicação humana que, em consequência das relações de poder, está permanentemente construindo e perpetuando as relações sociais (Bortoni-Ricardo, 2005: 150).

[2] "Any two interlocutors within a given speech community (or, more narrowly, within a given speech network within a speech community) must recognize the role-relationship that exists between them at any particular time. Such recognition is part of the communality of norms and behaviors upon which the existence of speech community depends. Father-son, husband-wife, teacher-pupil, employer-employee" (Goodenough, 1965 apud Fishman, 1972: 37).

[3] A proxêmica é o estudo do distanciamento que as pessoas mantêm entre si nas interações verbais e inclui a subcategoria do tato entre os interagentes, que pode variar muito de uma cultura para a outra nas diversas situações sociais.

[4] Os tupis antigos ocuparam a bacia do rio Madeira e Xingu, bem como, em tempos remotos, a bacia do rio Guaporé, que é parte do rio Madeira e que deságua no rio Amazonas (Tupis, 2023).

[5] Para mais informações, ver Stella Maris Bortoni-Ricardo, *Manual de sociolinguística*. São Paulo, Contexto, 2014, pp. 43 ss.

[6] Veja-se a propósito a distinção que Serafim da Silva Neto (1977/1950) faz entre análise interna e externa do português no Brasil.

[7] A língua geral, no início da colonização, teve caráter de língua franca, isto é, era usada a fim de permitir a comunicação entre as diversas etnias que habitavam a região que evoluiu para ser o Estado brasileiro moderno. As línguas francas também são referidas como línguas pontes ou línguas de comércio.

[8] Nos dois primeiros séculos de colonização, a língua geral era referida como "a língua mais usada na costa do Brasil" (Rodrigues, 1986). Outros autores a denominaram "a língua do Brasil", "língua da terra" e "língua do mar".

[9] Provavelmente, "feçanos".

[10] De acordo com Cunha [1917-1989] (1977: 13), essa tendência resumia-se no enunciado: "Nós não vamos para a Europa, nós voltamos à Europa".

[11] Em 30 de setembro de 1770, o primeiro-ministro, Marquês de Pombal, assinou uma Carta Régia que impunha uma gramática normativa oficial tanto nas escolas da Metrópole quanto de além-mar (cf. Dourado, 1981).

[12] Costa (1975) observa que a percentagem do crescimento em áreas urbanas decorrentes da migração rural no período de 1960-70 foi cerca de 42%.

Sociolinguística Variacionista

A Sociolinguística Variacionista incorporou a metodologia da pesquisa quantitativa, uma vertente da tradição lógico-empirista das Ciências Sociais, que se consolidou a partir do século XX, sendo a outra vertente a hermenêutica-dialética.

A origem do paradigma quantitativo deve ser procurada no positivismo de Auguste Comte [1798-1857]. Entre seus precursores cabe citar Francis Bacon [1561-1626], representante da herança aristotélica do empirismo e René Descartes [1596- 1650], da tradição racionalista platônica.

O paradigma positivista é indutivo: busca regras e leis gerais pela análise das regularidades específicas observáveis. São postulados desse paradigma: i) a certeza sensível na apreensão da realidade pelos sentidos; ii) a certeza metódica, que se baseia em métodos rigorosos; iii) a percepção objetiva do mundo dissociada da mente do pesquisador, que não pode, portanto, ser um sistema de referência, isto é, as categorias analíticas têm de ser independentes das crenças e valores dos sujeitos cognoscentes, em particular os envolvidos na pesquisa; e, finalmente, iv) a aversão à metafísica, sendo fundamental a distinção entre fato e valor (cf. Hughes, 1980). Porém nem sempre essa distinção é possível em virtude da grande quantidade de dados que se tem de recolher.

A Sociolinguística Variacionista faz uso da certeza sensível quando processa a coleta dos dados da fala, sejam eles dados orais (gravados) ou visuais, se considerados os gestos e expressões fisionômicas e as linguagens de sinais. Finalmente, trabalha ainda com a certeza sensível quando coleta dados de leitura, provenientes da língua escrita. Na evolução das epistemologias científicas, foram sendo criados instrumentos, como o microscópio, o telescópio, a radiografia e a ecografia, entre outros, que ampliam a percepção dos sentidos humanos (Bortoni-Ricardo, 2008: 15).

A certeza metódica, no paradigma citado, obtém-se pelos recursos rigorosos de coleta de dados e pela análise sistemática construída com categorias consagradas, quase sempre originárias das ciências exatas.

Preserva-se a percepção objetiva do mundo à medida que o pensamento do pesquisador, suas crenças e valores são postos à parte e não funcionam como um recurso de avaliação dos dados obtidos (cf. Hughes, 1980; Bortoni-Ricardo, 2008). Podemos afirmar então que essas categorias devem ser livres de contexto.

Diante dessa dificuldade, epistemólogos como Karl Popper [1902-1994] e Thomas Kuhn [1922- 1996] propuseram uma alternativa conhecida como "pós-positivismo", que se apoia em uma lógica de falsificação ou de dedução hipotética. Uma hipótese pode não ser confirmada pelo conjunto total de dados, mas pode ser falsificada, se encontrado pelo menos um exemplo que a contrarie. Vejamos: para testar a hipótese de que somente em Brasília há corrupção política, não seria possível examinar todas as cidades ou as capitais do mundo para confirmar a hipótese. Bastaria então encontrar um exemplo de corrupção reportado em qualquer outra cidade e a hipótese estaria falsificada, e, portanto, descartada.

Nas Ciências Humanas, a simples presença dos pesquisadores já pode alterar o objeto cognoscível – por exemplo o comportamento e a postura de quem está sendo pesquisado (cf. Bortoni-Ricardo, 2008).

Na perspectiva quantitativa ou positivista, geralmente trabalhamos com dois grupos. Bortoni-Ricardo (2008: 16) apresenta um exemplo que adaptamos a seguir:

> O pesquisador quer estabelecer uma relação causal entre o consumo de refrigerantes com açúcar e os problemas de flutuação de humor. Trabalha então com dois grupos, um que esteja consumindo refrigerantes e outro em que esse consumo não ocorra. O consumo, nesse caso, é a variável independente, já a flutuação do humor é a variável dependente. Observe-se que essa variável dependente tem de ser bem definida e quantificada em termos, por exemplo, de crises de ansiedade, algum problema psicótico ou transtorno bipolar, que possa ser descrito e quantificado. A hipótese será confirmada ou falsificada em função do número de pessoas em cada grupo que apresentem flutuação de humor. É preciso que os resultados dos dois grupos sejam comparados por meio de recursos estatísticos confiáveis para que se descarte a possibilidade de que alguma incidência seja resultado do simples acaso.

A ortodoxia positivista vale-se do pensamento científico e descarta o senso comum, que desse pensamento não se vale. Além desses problemas contornados pelo pós-positivismo, surgiu, a partir do século XX, uma tendência a se conferir relevância também ao senso comum, que, por sua vez, é passível de influência pelo pensamento científico prevalente da sociedade contemporânea. Esse senso comum tem de ser considerado em nosso conhecimento de mundo, especialmente no conhecimento transmitido de uma geração para a seguinte.

A pesquisa baseada no paradigma positivista pode ser experimental ou não experimental. Em um caso ou em outro, os pesquisadores procuram relações causais entre variáveis, ou seja, procuram estabelecer conexão entre a variável dependente (explicada) e variáveis independentes (de explicação). Os achados da pesquisa podem ser generalizados quando se obtém uma evidência confiável dessa conexão.

REGRA VARIÁVEL

Os pesquisadores Henrietta Cedergren e David Sankoff (1974) desenvolveram, na Universidade de Montreal, um programa computacional denominado Varbrul, que é uma sigla referente a "regra variável" (*variable rule*), e que se tornou muito empregado pelos pesquisadores da área de Sociolinguística Variacionista, especialmente para análise de uma grande quantidade de dados dessas regras.

Muito produtiva é a proposta de Deborah Schiffrin [1951-2017] (1987), cujo doutorado foi orientado por William Labov, pesquisa que leva em conta, na análise da regra variável,[1] critérios discursivos, como a mudança de turno; critérios semânticos, como o conteúdo informacional, e critério fonético, como o padrão entoacional e as pausas.

Vejamos como o pioneiro da metodologia sociolinguística quantitativa, William Labov (1972b), postulou e descreveu o conceito de regra variável: "Qualquer forma variável (um membro de um conjunto de formas alternativas de "dizer a mesma coisa") deve ser reportada com a proporção de casos em que a forma ocorreu no ambiente relevante, comparada ao número total de casos em que ela poderia ter ocorrido" (Labov, 1972b: 94. Tradução da autora).[2]

Essa lógica da Varbrul pode ser representada pelo símbolo A/T, no qual "A" (*actual*, em inglês) se refere ao número de aplicações da regra, ou seja, o total de ocorrências da regra variável que está sendo descrita, enquanto "T" (*total*) representa os ambientes possíveis em que a regra poderia ser empregada, isto é, a soma das aplicações e das não aplicações.

Resumindo: a descrição dos ambientes relevantes exige que forças linguísticas e sociais se apliquem de modo a tornar o uso da variável dependente mais provável ou menos provável. O ambiente é, portanto, um conjunto de fatores, sendo o grupo de fator a variável independente.

Os fatores sociais na análise de cada regra se associam aos falantes, por exemplo, seu nível na estrutura social, seu gênero, grupo etário, estrato sociocultural e processos sociais. Essas variáveis associadas aos falantes são postuladas por meio da pesquisa sociodemográfica. Podem-se considerar também variáveis obtidas pela Etnografia da Comunicação, que é uma pesquisa qualitativa (ver capítulo "Etnografia"). É possível ainda combinar fatores sociodemográficos com fatores etnográficos como variáveis independentes.

Observe-se também que estudos quantitativos privilegiam a razão analítica e buscam explicações causais entre fenômenos, mais propriamente a relação causal entre dois ou mais fenômenos linguísticos ou entre fenômenos linguísticos e variáveis linguísticas ou socioculturais, que funcionam como variáveis independentes ou fatores, como já vimos (cf. Hughes, 1980).

Em suma, nessa linguagem empirista de variáveis, o fenômeno linguístico que se quer entender ou descrever é considerado a variável dependente. Os fenômenos linguísticos ou sociais que podem ter uma influência sobre a variável dependente são considerados variáveis independentes.

É relevante observar que a recolha dos dados da variável dependente, que vai alimentar a Varbrul, é, necessariamente, feita em *corpora* de dados recolhidos na comunidade de fala que é objeto de estudo. Não se trabalha nesse paradigma com dados linguísticos obtidos pelo analista por meio de sua introspecção, como acontece na pesquisa gerativista empregada pelos analistas chomskyanos. Quanto às variáveis independentes, reitere-se, o modelo considera os fatores linguísticos e sociais que favorecem ou desfavorecem a aplicação da regra.

A VARIAÇÃO LINGUÍSTICA EM SALA DE AULA

Ouve-se muito, contemporaneamente, que a linguagem em sala de aula é excessivamente descuidada, distante dos antigos padrões presentes nas escolas de nossos pais e avós. Paradoxalmente, ouvimos também que a linguagem de sala de aula, muitas vezes, é impenetrável para alunos provenientes de grupos sociais não alfabetizados. Diante de tais conjecturas, vamos apresentar resumidamente uma pesquisa quantitativa que nos possa trazer respostas mais confiáveis. O que desejamos é "explorar como a conversa, as práticas sociais de letramento e os processos intelectuais influenciam-se uns aos outros em sala de aula e quais as implicações dessa influência para a educação" (Bloome; Green, 1992). Esse é o objetivo da pesquisa que vamos exemplificar. No caso, nossa variável dependente será o discurso do professor em sala de aula, dividido, para fins de análise, em unidades discursivas.

Como variáveis independentes, ou "fatores", postulamos os tipos de eventos (1, 2, 3, 4), analisados à luz de sua contextualização, conforme descrevemos a seguir. Cabe, antes, nos determos na definição de "eventos de fala".

De acordo com a tradição etnográfica, os eventos são percebidos como unidades com início, desenvolvimento e fim. Segundo Hymes [1927-2009] (1974), um evento é composto de atividades governadas por normas no uso da fala. Philips (1972) aperfeiçoou esse conceito, ao propor configurações ou arranjos estruturais, que são estruturas de participação, marcadas pelos modos de falar, de ouvir, de tomar e sustentar o piso,[3] de conduzir, de seguir etc. (cf. Erickson; Schultz, 1977).

Com relação à pesquisa que estamos descrevendo, foram identificados quatro tipos de eventos de fala, considerando-se principalmente o envolvimento do falante com o seu ato de falar.

O primeiro evento, quase sempre curto e sensível ao contexto, consiste de respostas, explicações curtas, repreensões e brincadeiras. Para solicitar o turno, durante esse evento, o aluno costuma levantar o braço e o professor lhe passa o piso, isto é, lhe confere a fala.

O segundo evento consiste de exposições instrucionais mais longas, como na explicação de um problema de matemática ou no comentário de um texto. A tomada do piso pelos alunos não é tão livre quanto no evento anterior; é geralmente introduzida pelo vocativo "professor!" / "professora!" emitido pelo aluno em voz alta.

O terceiro tipo é de fato um evento de oralidade secundária, pois os falantes (professora ou alunos) estão lendo em voz alta no livro ou na lousa, ou falando e escrevendo simultaneamente. Em escolas religiosas, são feitas preces ritualizadas que também se encaixam nesse tipo, como o "Pai Nosso".

Finalmente, o quarto tipo remete a uma estrutura tripartite típica, constituída de uma iniciação, geralmente uma pergunta feita pelo professor, seguida da resposta dos alunos e da correção ou comentário do professor. Essa estrutura é denominada por Sinclair e Coulthard (1975) como: iniciação, resposta, avaliação (IRA).

No processamento do *corpus* linguístico, constituído pela gravação da interação em sala de aula, levamos em conta, na análise de cada exemplar da variável dependente, ocorrências dos seguintes elementos postulados por Koch [1933- 2018] et al. (1990) como próprios do discurso oral: marcadores discursivos, dêiticos e descontinuidades. Esses elementos foram úteis na descrição das unidades analíticas, mas não foram, todavia, quantificados como variáveis independentes, na aplicação da Varbrul.

Ficou quantitativamente demonstrada a existência de um contínuo que vai do evento mais caracteristicamente oral (evento 1), ao evento mais caracteristicamente letrado (evento 3). De fato, a língua padrão é usada em sala de aula preferencialmente nos eventos do tipo 3 e nos eventos IRA. Nos demais eventos, há mudança de código, alternando-se para estilos menos cuidados.

O ESTUDO DO SIGNIFICADO DA VARIAÇÃO SOCIOLINGUÍSTICA

A Sociolinguística contemporânea revisa a evolução da disciplina, postulando três ondas da prática analítica. De acordo com Penelope Eckert (2012), a primeira onda é basicamente correlacional, à medida que correlaciona variáveis linguísticas com categorias sociodemográficas, tais como classe social, etnicidade e faixas etárias.

Na segunda onda, métodos etnográficos foram incorporados, tornando mais acurada a descrição das categorias sociodemográficas, que passaram a ser entendidas também como sociointeracionais (Penelope Eckert, 2012).

De acordo com a terceira onda, a variação começou a ser vista como um robusto sistema semiótico, o que permite um tratamento microanalítico de estilos ou registros. Enfatiza-se também nessa terceira onda a incorporação de uma dimensão da Análise Crítica da Linguagem na compreensão dos significados sociais, como uma força que pode conduzir à mudança social (Penelope Eckert, (2012).

À época da segunda onda, William Labov, em 1963, postulou a correlação entre categorias socioecológicas, como grupo étnico ou social, e a variação linguística, em seu artigo "The Social Motivation of a Sound Change". Esse estudo deu origem à disciplina de Sociolinguística como uma das vertentes da Linguística. Seu trabalho

> [...] refere-se à observação direta de uma mudança sonora no contexto da vida de uma comunidade na qual esse traço surgiu. Tal mudança é uma alteração na posição fonética do primeiro elemento dos ditongos /ay/ e /aw/

e a comunidade é a ilha de Martha's Vineyard, em Massachusetts (Estados Unidos da América). Ao estudar a frequência e distribuição das variedades fonéticas de /ay/ e /aw/ nas diversas regiões, grupos etários, educacionais e étnicos na ilha, será possível reconstruir a história recente dessa variação sonora, correlacionando o complexo padrão linguístico com diferenças paralelas na estrutura social. Será também possível isolar os fatores sociais que se impõem diretamente no processo linguístico. Espera-se que os resultados desse procedimento contribuam para uma compreensão geral do mecanismo da variação linguística. (Labov, 1963: 1. Tradução da autora)[4]

Outro avanço que Labov (1963) realça é a percepção de que a variação "livre",[5] conforme postulada por Bloomfield (1935), não podia ser condicionada. Uma forma linguística só podia ocorrer a) sempre; b) opcionalmente; ou c) nunca. Tais limitações, é ainda Labov quem diz, foram superadas pela visão científica do polaco-americano Uriel Weinreich, nascido na Lituânia, que se dedicou ao estudo de línguas em contato. Foi ele quem orientou o mestrado e o doutorado de William Labov. O mestrado, sobre a mudança linguística e o repertório multilíngue na ilha de Martha's Vineyard (1962)[6] já mencionado, e o doutorado, sobre a estratificação social, definida pela realização variável do fonema /r/ pós-vocálico em Nova York, especialmente nas palavras "*fourth*" [4° – quarto] e "*floor*" [andar].

A amostra da pesquisa de mestrado, a população de Martha's Vineyard, foi formada por quatro grupos étnicos endógamos, a saber: 1. descendentes de velhas famílias de origem inglesa que foram os primeiros a fixar residência na ilha entre os séculos XVII e XVIII; 2. grupo de ascendência portuguesa, oriundo dos Açores, da Madeira e de Cabo Verde, que constituía 20% da população; 3. remanescentes indígenas da etnia de *gay-head*; e 4. uma mistura de descendentes de ingleses, franco-canadenses, irlandeses, alemães e poloneses.

Além dos habitantes, a ilha conta também com um grande número de turistas abonados. Ressalte-se o caráter linguístico conservador dos vineyardenses. Podem-se encontrar ali relíquias lexicais.

O jovem Labov, sob orientação de Weinreich, chegou à ilha para examinar o mais amplo espectro de variação e de distribuição, tais como a presença do /r/ pós-vocálico e a altura do fonema /a/ nos ditongos /ay/ e /aw/, causando a centralização desses ditongos. O curso dessa variante na ilha contrasta com a realização dos ditongos no continente.

O jovem pesquisador entrevistou 69 ilhéus, 1% da população, que se constituiu em uma amostra de julgamento[7] dos residentes nativos da comunidade: 40 eram de *up-island* e 29 de *down-island*. Quatro grupos ocupacionais estavam assim representados: pescadores, agricultores, trabalhadores na construção civil e em serviços, além de profissionais com curso superior. Foram igualmente representados os três principais grupos étnicos: ingleses, portugueses e indígenas.

Após essa pesquisa, William Labov dedicou-se ao estudo das sistematicidades dos processos de variação e mudança na cidade de Nova York, publicando vários trabalhos a partir de 1964. Seus livros *Language in the Inner City: Studies in the Black English Vernacular* (1972b), *Sociolinguistic Patterns* (1972), já mencionados e, mais recentemente, *Principles of Linguistic Change* (1992) são leituras indispensáveis para quem deseja se especializar na área de Sociolinguística.

A tradição de estudos sobre variação linguística pode recuar até Bloomfield (1935). Esse precursor da Linguística contemporânea, ainda que não tenha trabalhado com a variação no domínio da língua, vista como um dos elementos da dicotomia saussuriana língua e fala, chamou a atenção para o fato de que pode haver formas alternativas de se dizer a mesma coisa. Dois ou mais enunciados podem constituir-se como formas alternativas de dizer a mesma coisa quando se leva em conta a função referencial da linguagem da qual a Linguística estruturalista ocupava-se preferencialmente.

Faz parte da relevante contribuição de Labov (1975) para os estudos linguísticos, a constatação de que o estilo expressivo e a força interativa dos enunciados podem ser problematizados quando se considera que tais enunciados dizem a mesma coisa (Bortoni-Ricardo, 2014). "As formas que supostamente transmitem o mesmo conteúdo semântico, expresso com recursos linguísticos distintos, vão caracterizar regras variáveis, e suas alternativas são denominadas variantes" (Bortoni-Ricardo, 2014: 68). Por exemplo, "nós chegamos", "nós chegamo", "nós chegô" e "nós cheguemu" são variantes da mesma forma verbal no português do Brasil e serão selecionadas pelos falantes em função das características sociodemográficas desses falantes e da dinâmica dos eventos. Tal possibilidade, como já vimos, foi explicada por Labov (1972b: 94) como mais de uma forma alternativa de dizer a mesma coisa.

A Sociolinguística vai buscar na tradição da Sociologia comtiana os elementos que permitem caracterizar os falantes dentro de um parâmetro sociodemográfico. Para o estudo da dinâmica dos eventos, vale-se principalmente da Etnografia de Hymes (1974) e das Estratégias Discursivas de John Gumperz (1982a) *inter alia*.

Em resumo, este capítulo trata da Sociolinguística Variacionista, de metodologia quantitativa e de tradição lógico-empirista das Ciências Sociais, consolidada a partir do século XX e distinta da vertente hermenêutica-dialética.

Remete ao pioneiro Auguste Comte e seus precursores: Francis Bacon e René Descartes e descreve quatro postulados desse paradigma: certeza sensível, certeza metódica, percepção objetiva e aversão à metafísica, referindo-se a epistemologias e métodos científicos.

Menciona também a alternativa "pós-positivismo" (de Karl Popper e Thomas Kuhn) e a lógica da falsificação na dedução hipotética, citando exemplos e descrevendo etapas dessa vertente de pesquisa, que pode ser ou não experimental e é apoiada em uma lógica causal entre variável dependente e independente.

> Introduz o conceito de regra variável e o programa Varbrul – representada pelo símbolo A/T (A: aplicações da regra e T: total de ambientes possíveis de aplicação), citando, entre outros, Deborah Schiffrin (critérios discursivos) e William Labov (critérios fonéticos e fonológicos) empregados como variáveis independentes.
> Examina um exemplo de linguagem de sala de aula, na qual apresenta quatro tipos de eventos de fala em função de sua contextualização.
> Ressalta ainda o significado do estudo da variação, situando-o em uma dimensão histórico-epistemológica.
> Os estudos de mestrado e doutorado de Labov são referidos como exemplos.
> Conclui associando essas pesquisas a pioneiros como Bloomfield, Saussure, Hymes e Gumperz.

Notas

[1] A metodologia é denominada em inglês *Variable Rule Analysis*. Para mais informações sobre o emprego de Varbrul, sugerimos a leitura de Mollica (org. 1992) e Bortoni-Ricardo (2011).

[2] "That any variable form (a member of a set of alternative ways of 'saying the same thing') should be reported with the proportion of cases in which the form did occur in the relevant environment, compared to the total number of cases in which it might have occurred" (Labov, 1972b: 94).

[3] Convém reiterar que o piso (*floor*) é definido como o reconhecimento pelos interagentes da ação que está sendo realizada, em determinado tempo/espaço psicológico. Essa ação pode ser o desenvolvimento de um tópico ou função, como provocar, pedir uma resposta, agradecer etc. ou a combinação dessas intenções, o que pode se controlado por uma pessoa de cada vez, ou por várias simultaneamente em uma rápida sucessão. (Cf. Quora.com).

[4] "[...] concerns the direct observation of a sound change in the context of the community life from which it stems. The change is a shift in the phonetic position of the first element of the diphthongs /ay/ and /aw/, and the community is the Island of Martha's Vineyard, Massachusetts. By studying the frequency and distribution of phonetic variants of /ay/ and /aw/ in the several regions, age levels, occupational and ethnic groups within the island, it will be possible to reconstruct the recent history of this sound change; by correlating the complex linguistic pattern with parallel differences in social structure, it will be possible to isolate the social factors which bear directly upon the linguistic process. It is hoped that the results of this procedure will contribute to our general understanding of the mechanism of linguistic change" (Labov, 1963: 1).

[5] Observe-se que os pioneiros da ciência linguística não cuidaram de examinar a variação percebida na língua, que consideravam "livre" e assistemática.

[6] Martha's Vineyard é uma ilha na costa nordeste dos Estados Unidos no estado de Massachusetts no Condado de Dukes, que se tornou um balneário elegante, frequentado por um público de renda alta. Em função de seu isolamento, tornou-se um excelente campo para pesquisas sociolinguísticas e é dividida em *up-island* e *down-island*. A primeira é estritamente rural e a segunda é formada por três vilarejos (Labov, 1962).

[7] A amostra de julgamento não é totalmente aleatória. Os colaboradores são selecionados mediante a sua convivência com o pesquisador. Remeto o leitor a Bagno (2017: 11 ss.).

Sociolinguística Interacional

Como em muitos ramos das Ciências Sociais, podemos identificar na Sociolinguística Interacional (SI) uma dimensão micro e uma dimensão macro, dependendo da prevalência das diversas disciplinas que a influenciaram, tais como a Linguística Pragmática e a Antropologia (na subárea da Etnografia e a Etnometodologia) e a Sociologia (na subárea da Análise da Conversação). Apoiando-se nessas vertentes, a SI é um paradigma de base fenomenológica e interpretativista. Seu método heurístico é interpretativo e seu objeto são as estratégias comunicativas de que se valem os interagentes no processo de produção e reprodução da identidade social.

Esse ramo da Sociolinguística trabalha com a conversação contextualmente situada, atribuindo atenção à interpretação dos significados referenciais – no campo da Semântica – e sociopragmáticos – previstos pela Pragmática. Atenta também para o fenômeno de alternância ou mudança de estilos (*code-switching*), a qual é recurso eficiente na i) transmissão de metamensagens; ii) na indicação de mudança de alinhamento (ou *footing*), explicados em seguida, e iii) na explicitação da força ilocucionária do enunciado, que veremos no tópico "Força ilocucionária" deste capítulo.

i) As metamensagens têm natureza sub-reptícia ou implícita e são muito encontradas em textos de publicidade ou doutrinação religiosa, política, jornalística e até científica. Muitas vezes, induzem o leitor a ler nas entrelinhas.

Convém também destacar que o principal fator de coesão comunicacional em uma comunidade é a forma como as pessoas conversam. Para conversar é preciso que os falantes não só conheçam a língua ou línguas (e dialetos) vigentes na comunidade, mas também os princípios que regem essa comunicação. Ao estudo desses princípios chamamos Análise da Conversação (Sacks, Schegloff e Jefferson, 1974; Gumperz, 1979).

ii) O nome do canadense Erving Goffman (1981), já mencionado, é associado ao conceito de *footing*, que ele define como alteração no enquadre de eventos de fala ou no alinhamento que o falante assume em relação a si mesmo e ao interlocutor, fazendo os necessários ajustes de monitoração estilística. Esse alinhamento pode ser inclusive físico, quando se refere à postura de um falante em relação ao outro. Frequentemente, os falantes externalizam melhor o seu alinhamento usando preâmbulos como: "preciso ter uma conversa séria com você"; "esta é uma declaração de amor"; "vamos fazer uma oração" (cf.: Bortoni-Ricardo, 2021: 51-2).

Um bom exemplo de alinhamento ou *footing* pode ser encontrado em uma consulta médica, em que um dos interagentes está imbuído da postura de profissional da saúde em relação ao outro que é o paciente.

Deve-se a John Gumperz, como já vimos, a sistematização da SI, lembrando que foi esse pesquisador que propôs uma distinção entre teóricos da ação ou conflito e teóricos da ordem. John Gumperz (1996) inclui-se entre os primeiros, alertando que a interação é constitutiva da ordem social. A Sociolinguística Variacionista, ainda segundo esse autor, faz parte da teoria da ordem, na qual as normas e categorias sociais preexistem à análise linguística, para a qual fornecem os parâmetros.[1]

> O principal teórico da Sociolinguística Interacional é John Gumperz. Para entender-se o lugar que a Sociolinguística Interacional ocupa em relação aos demais ramos da disciplina sociolinguística, convém referir a dicotomia que o próprio John Gumperz postula entre os "teóricos da ação ou conflito" e os "teóricos da ordem". Para os primeiros, entre os quais John Gumperz se inclui, a interação é constitutiva da ordem social. Já para os teóricos da ordem, onde se enquadraria a Sociolinguística Variacionista, as normas e categorias sociais preexistem, e atuam como parâmetros influenciadores dos usos linguísticos. (Bortoni-Ricardo, 2005: 147)

É relevante, no trabalho pioneiro de John Gumperz (de 1964 em diante), a ideia de que a comunicação define as relações de poder e dominação no processo de transmissão da cultura. Esse aspecto tem sido especialmente trabalhado na área da Análise Crítica de Discurso (cf. Magalhães, 1996).

Convém aqui referir também o conceito de "agência humana" (*human agency*) dos atores sociais, a qual, ainda segundo Gumperz (1996), trabalha, confirma, desafia, altera e reinterpreta o processo da ação social (Bortoni-Ricardo, 2005: 148).

Voltando às citadas raízes da SI, devemos retomar três tradições funcionalistas do estudo da linguagem: a Etnografia da Comunicação, a Semântica Cognitiva (associada à Pragmática dos Atos de Fala) e a Análise da Conversação, as quais visam aferir, em especial, as intenções mútuas dos falantes, que lhes permitem prover respostas adequadas no processo conversacional, ao entender e controlar as intenções de seu interlocutor. Permitem ainda negociar significados implícitos, que decorrem do conhecimento tácito de convenções culturais e, por isso, nem sempre são apreendidos por interlocutores de origem geográfica ou social distinta.

Segundo o sociolinguista britânico Robert Le Page [1920-2006] (1980), a identidade social é influenciada por fatores como gênero, idade, antecedente regional, inserção no sistema de produção e afiliação a grupos – étnico, ocupacional, religioso, de vizinhança, de orientação sexual etc. Essa ampla gama de identidades distintas é veiculada no processo da fala e percebida facilmente pelo interlocutor que partilha a mesma identidade do falante, embora o seja com mais dificuldade, pelo interlocutor de identidade distinta. Por ser perceptível aos iguais, os falantes podem-se valer das regras do repertório do grupo de referência com o qual desejam associar-se. O conceito de grupo de referência provém da Antropologia. Gerald Berreman (1964: 232) definiu esse grupo, levando em conta as atitudes e o comportamento que influenciam as pessoas que querem associar-se ao referido grupo.

O trabalho fenomenológico dos etnometodologistas, seguidores dos sociólogos Max Weber, Alfred Schutz e Harold Garfinkel, dá especial atenção a esses processos intersubjetivos de construção do significado entre o "eu" e o "tu". Allan Bell (1984), baseado nesses pressupostos, criou a expressão "*audience design*" (formato de audiência).

O conceito de "voz" de Bakhtin, com o qual esse pensador russo se referiu às vozes dos interlocutores, nos traz também, na própria função dialógica, as dimensões de "responsividade" ou "destinatariedade" (Cazden, 1993).

Também a Sociologia de Pierre Bourdieu (1983) dá relevância à interação social estruturada. O ouvinte não é um elemento apenas complementar ou constituidor da interação. O falante se defronta com o outro. Bourdieu observa que o papel do ouvinte pode decorrer de múltiplas fontes: de papéis sociais, familiais, de trabalho etc., sempre em uma relação de poder.

A partir da década de 1960, a Sociolinguística evoluiu absorvendo três paradigmas que não são necessariamente sucessivos em um eixo temporal[2] (cf. Bortoni-Ricardo, 2003: 180 ss.). O primeiro deles é motivado pela importante pergunta que Uriel Weinreich (1954) se colocou: "Seria possível uma Dialetologia Estrutural?". A resposta dada pela Sociolinguística é afirmativa, pois essa nova vertente contempla uma estrutura similar à de outros modelos científicos.

O segundo paradigma situa sua matriz na Fenomenologia, presente tanto na Sociologia quanto na Antropologia.

Um pressuposto valorizado pelos pioneiros Gumperz, Hymes e outros é o princípio de que a linguagem é estruturante das relações sociais, e o objeto de estudo não é a variação socialmente condicionada *per se*, mas, principalmente, a variação como recurso comunicativo.

O terceiro paradigma emana da Sociologia da Reprodução, conforme idealizada por Bourdieu e seguidores.

> A estrutura da relação de produção linguística depende da relação de força simbólica entre os dois locutores, isto é, da importância de seu capital de autoridade, que não é redutível ao capital propriamente linguístico: a competência é também, portanto, capacidade de se fazer escutar. A língua não é somente um instrumento de conhecimento, mas um instrumento de poder. Não procuramos somente ser compreendidos, mas também obedecidos, acreditados, respeitados, reconhecidos. (Bourdieu, 1983: 160 ss.)

Acima de tudo, essa Sociologia estrutura os papéis sociais, ao mesmo tempo que ressalta a influência de macroestruturas nesses papéis.

Em meados da década de 1990, John Gumperz (1996: 33) já considerava a Sociolinguística uma disciplina central, na medida em que ela reflete as relações de poder e dominação, perpetua as instituições sociais e é transmissora da cultura.

Como já vimos, outro sociolinguista que trouxe uma contribuição seminal para a análise da linguagem como estruturadora da identidade é o britânico Robert Le Page (1980). Ele mostra que o interlocutor imediato na interação é o grupo de referência, continuamente na intelecção do falante, às vezes, de forma inconsciente, do qual ele busca sempre receber ratificação e aprovação. Contudo, nesse esforço, o falante enfrenta pelo menos duas condições previstas por Le Page: a limitação de acesso às regras sociolinguísticas do grupo e a capacidade para modificar seu comportamento.

Em síntese, a hipótese de Le Page se constrói sobre duas revoluções na história recente da Sociolinguística: os modelos interacionais de base fenomenológica e a Sociologia das relações de poder (cf. Bortoni-Ricardo, 2003).

Conforme previmos, nesta seção vamos tratar do conceito "força ilocucionária" à luz das propostas de John Austin [1911-1960] e John Searle.

FORÇA ILOCUCIONÁRIA

A força ilocucionária de um enunciado decorre da intenção do falante ao produzir esse enunciado. O conceito surgiu da teoria dos filósofos da linguagem John Langshaw Austin (1962) e John Rogers Searle (1978).

John L. Austin foi um filósofo pioneiro do século XX, que tinha uma das mentes mais agudas e originais que a Inglaterra produziu em todos os tempos. "As aulas de William James" apresentaram as conclusões de Austin no campo para o qual ele direcionou seus principais esforços por mais de dez anos, com efeitos importantes em uma ampla variedade de problemas filosóficos. Essas aulas estão reunidas no clássico *How to Do Things with Words* (Austin, 1975). O livro inclui um apêndice com transcrições literais e certo número de notas marginais feitas por Austin. O autor tinha um ouvido extraordinário para o reconhecimento de sutilezas do inglês britânico e uma grande habilidade na oposição de uma expressão a outra em qualquer situação linguística (Austin, 1975).[3]

O ato performativo, segundo Austin (1962), é uma ação de declarar ou de afirmar algo. Ele distingue os performativos clássicos e postula atos performativos, como os que se iniciam com uma explicitação: "eu declaro que..."; "eu analiso x como y", opondo-os ao ato constativo, que inclui testemunhos, sugestões, asserções, confissões etc.

Ele ainda distinguiu, inicialmente, três aspectos de um ato de fala: "o ato locucionário (ou ato de dizer alguma coisa), o ato ilocucionário (aquilo que você está tentando fazer, com sua fala) e o ato perlocucionário (o efeito daquilo que você diz)" (Kissine, 2013: 61).

Ao proferir um ato locucionário, estamos realizando uma ação, como a de perguntar, de responder, dar uma informação, um aviso, um anúncio, um veredito ou manifestar uma intenção (Austin, 1975). Vejamos um exemplo no seguinte diálogo:

1. Já está muito escuro.
2. Deixa que eu levo você.

Em (1) não temos apenas uma constatação da escuridão do dia, que seria a força locucionária. Há também uma força ilocucionária, que é "tenho medo de ir sozinha nesse escuro". O interlocutor, em (2), capta essa força ilocucionária e responde de acordo.

> Quando realizamos um ato locucionário, usamos a fala: mas de que modo precisamente a estamos usando nessa ocasião? Porque há inúmeras funções ou modos com os quais usamos a fala, e isso faz uma grande diferença em nosso ato em certo sentido [...] de que maneira e com qual significado nós a estamos usando nessa ocasião. Faz uma grande diferença se estamos aconselhando ou meramente sugerindo, ou de fato ordenando, se nós estamos estritamente prometendo ou apenas anunciando uma vaga intenção, e por aí vai. Essas questões penetram um pouco, mas não sem confusão, na gramática, mas constantemente as discutimos nesses termos, se certas palavras (uma certa locução) tinha a força de uma pergunta ou deveria ser tomada como uma estimativa, etc. (Austin, 1975: 99. Tradução da autora)[4]

Nessa obra, o autor traz alguns exemplos muito adequados sobre os aspectos de um ato de fala, que vamos reproduzir no Quadro 4:

Quadro 4 – Aspectos de um ato de fala

Exemplo I		
Atos	Exemplos	Comentários
Ato 1: locução	Ele me disse "atire nela", significando "atirar" e significando "nela".	O verbo "atirar" foi usado no sentido de "dar tiro". A conjunção "nela" foi usada no sentido da preposição "em" e do pronome reto "ela".
Ato 2: ilocução	Ele insistiu (aconselhou e me ordenou etc.) a atirar nela.	O verbo inicial (performativo) altera a força do enunciado, pois "aconselhar" e "ordenar" são atos muito distintos.
Ato 3: perlocução	a) Ele me persuadiu a atirar nela. b) Ele me levou (ou me fez) atirar nela.	Temos aqui referência ao efeito do ato sobre o interlocutor.

	Exemplo II	
Ato 1: locução	Ele me disse "você não pode fazer isso".	O advérbio "não" define o sentido do enunciado.
Ato 2: ilocução	Ele protestou diante da minha ação.	O verbo "protestar" define o sentido da ação referida.
Ato 3: perlocução	a) Ele me puxou, me checou. b) Ele me parou, me convenceu, me aborreceu.	Os verbos explicitam um efeito da ação sobre o interlocutor.

Fonte: Austin (1975: 102).

John Searle (1978), no capítulo primeiro de seu livro *Speech Acts*, se faz as seguintes perguntas: qual a relação entre *"what I mean"*[5] quando digo alguma coisa e *"what it means"*[6] se alguém diz ou não isso. Como as palavras equivalem a coisas? Qual a diferença entre uma cadeia significativa de palavras e outra não significativa? O que torna uma asserção verdadeira ou falsa? E observa que tais questões constituem a matéria-prima da Filosofia da Linguagem.

E ele continua:

> De alguma forma tais questões têm de fazer sentido [...]. Nós sabemos que as pessoas se comunicam, dizem coisas e denotam aquilo que dizem, o que, pelo menos em algumas ocasiões, é entendido; elas perguntam, dão ordens, fazem promessas e apresentam desculpas. Os enunciados das pessoas se relacionam ao mundo de modo que podem ser caracterizados como verdadeiros ou falsos, estúpidos, exagerados etc. E se essas coisas ocorrem, segue-se que é possível que ocorram, e deve ser possível colocar e responder as perguntas que examinam tal possibilidade. (Searle, 1978: 3. Tradução da autora)[7]

Quanto às referências de um ato de fala, o autor esclarece que elas remetem a coisas particulares, respondem a questões: Quem? O quê? Qual? E acrescenta: temos também de distinguir entre:

3. expressões referenciais **singulares** definidas (*"the man"*)[8] e indefinidas (*"a man"*);[9]
4. expressões referenciais **plurais** definidas (*"the men"*)[10] e indefinidas (*"some men"*)[11] (Searle, 1978: 26).

Além disso, é preciso diferenciar expressões que indicam uma ocorrência referencial ("Um homem entrou") das predicativas ("João é um homem"). Na sequência, Searle observa que há que se distinguir particulares daquilo que os filósofos denominam universais. Por exemplo: "Monte Everest" e "essa cadeira". O autor confinou o termo "expressões referenciais" aos particulares (Searle, 1978: 27).

Outras questões levantadas são: i) verbos conjugados se referem ao momento de seu enunciado?; ii) ao atribuir o seu nome a um documento, esse documento se refere ao falante?

Searle recomenda examinar esses casos contidos no centro de variação do conceito de referência e depois examinar os casos fronteiriços, à luz de similaridades e diferenças com o paradigma.

> Em resumo: o ato de fala usado para referenciar pode ser explicado por meio de exemplos de expressões referenciais paradigmáticas, pela explanação da função que essas expressões exercem no ato de fala completo (ilocucionário) e pelo contraste do uso das expressões com outras. Expressões referenciais paradigmáticas em inglês dividem-se em três classes, de acordo com a estrutura superficial das sentenças que traduzem: 1) nomes próprios; 2) frases nominais iniciadas pelo artigo definido ou pronome possessivo e seguidas por um nome singular; e 3) pronomes. Elas são usadas para separar um objeto particular de outros. O uso dessas expressões deve ser contrastado não só com o uso de predicados e sentenças completas, mas também com expressões referenciais indefinidas, que se referem a universais, e expressões referenciais plurais definidas. (Searle, 1978: 28 ss. Tradução da autora)[12]

Sempre que dois atos ilocucionários contêm a mesma referência e predicação, podemos dizer que a mesma proposição está sendo expressa. Declarações e asserções são atos, mas proposições não o são. Uma asserção é o comprometimento de uma verdade de uma proposição. A expressão de uma proposição é um ato proposicional não ilocucionário, quando uma proposição é expressa na realização de um ato ilocucionário.

Searle (1978: 30) faz uma distinção entre o ato ilocucionário e o conteúdo proposicional desse ato, embora, às vezes, esse conteúdo não esteja presente. De um ponto de vista semântico, podemos distinguir dois (não necessariamente separados) elementos de uma estrutura sintática de uma sentença, que ele chamou de a) indicador proposicional e b) indicador da força ilocucionária. Esse último podendo ser veiculado pela ordem das palavras, tonicidade, contorno de entoação, o modo do verbo e os verbos performativos, tais como: "eu me desculpo"; "eu oriento" e "eu declaro".

Esse autor representa regras proposicionais como referência e predicação, usando "F" para força ilocucionária e "p" para proposições, "onde a variável 'F' assume força ilocucionária, indicando recursos e valores, o 'p' assume expressões para proposições. Podemos então simbolizar diferentes tipos de atos ilocucionários nas formas" (Searle, 1978, 31) a seguir:

Forma geral dos atos ilocucionários: F (p)
⊢(p) para asserções
Pr (p) para promessas
! (p) para pedidos

W (*p*) para avisos
? (*p*) perguntas sim/não

O exemplo seguinte dado pelo autor pode deitar luzes sobre a questão.

> Exceto para perguntas sim/não, o simbolismo para perguntas deve representar funções proposicionais e não proposições completas [...] por exemplo: na sentença "eu prometo vir" há duas negativas: "eu não prometo vir" e "eu prometo não vir". A primeira é uma negação ilocucionária, a segunda é proposicional. Negativas proposicionais em geral não alteram o caráter de um ato ilocucionário. [...] Assim o enunciado "*I do not promise to come*"[13] não é uma promessa, mas a recusa a fazer uma promessa. Um enunciado "eu não estou pedindo a você para fazer isso" é uma negativa de que um pedido esteja sendo feito e muito diferente da asserção negativa: "*don't do it*".[14] (Searle, 1978: 31 ss. Tradução da autora)[15]

O enunciado "*there are horses*"[16] complementa as distinções entre "não há nenhum cavalo" e "há coisas que não são cavalos". Temos que acrescentar "eu não digo que haja cavalos". Desse modo a recusa de realizar um ato ilocucionário seria sempre uma declaração de uma espécie autobiográfica. A declaração "*I don't promise to come*"[17] não seria mais uma declaração autobiográfica do que é o enunciado "*I promise*"[18] em "*I promise to come*"[19] (Searle, 1978: 32).

O autor esclarece a distinção entre dois diferentes conjuntos de regras – regulativas e constitutivas. As primeiras regulam comportamento antecedente enquanto as regras constitutivas não só regulam, mas criam ou definem novas formas de comportamento, por exemplo, as regras de futebol ou de xadrez não só regulam, mas também criam a possibilidade de realizar tais jogos. Regras regulativas, segundo o autor, regulam ainda atividades cuja existência independe das regras. Regras constitutivas constituem atividades cuja existência é dependente das regras. Geralmente, são usadas ou parafraseadas nas formas de imperativo (Searle, 1978: 34 ss.). Exemplos:

> Ao cortar alimento, segure a faca na mão direita.
> Oficiais devem usar gravata no jantar.

Duas marcas "daquilo que é governado por regras" em oposição ao "comportamento meramente regular" são: a) nós, geralmente, reconhecemos desvios de um padrão como errado ou defeituoso; e b) há regra, em oposição ao passado de regularidade automática, sobre novos casos. Dessa forma, confrontado com o caso que um indivíduo nunca viu antes, ele saberá o que fazer (Searle, 1978: 42).

Atos ilocucionários são caracteristicamente realizados em um enunciado por meio da realização de sons vocais ou de marcas. O autor questiona qual seria a diferença entre i) apenas emitir sons; e ii) produzir marcas que realizam um ato ilocucionário. Essa diferença é que, na realização de um ato ilocucionário, a produção de sons e marcas tem significado.

O autor ainda pergunta: "o que leva alguém a significar algo quando fala?" e "o que leva algo a ter significado?".

O também filósofo da linguagem Paul Grice (1957) fornece a seguinte análise da noção do significado não natural ao distinguir *meaning*[20] – sentido não natural – daqueles sentidos do verbo "significar" como nas frases "nuvens significam chuva" e "aqueles pontinhos significam sarampo". Ele acrescenta: dizer que um falante (S, de speaker) significou algo com (X) é dizer que S pretendia que o enunciado X produzisse algum efeito no ouvinte (H, de *hearer*) por meio do reconhecimento de sua intenção. Searle considera eficiente essa definição para abordar a questão do significado, primeiro porque estabelece uma conexão entre significado e intenção; e segundo porque capta o traço essencial da comunicação linguística (Searle, 1978: 43).

Um ouvinte compreende um enunciado assim que reconhece a intenção do falante ao produzi-lo. Quando alguém ouve dizer *"hello"*, por exemplo, reconhece que está sendo cumprimentado e identifica a intenção do falante de fazê-lo compreender isso. No entanto Searle faz algumas críticas à proposta de Grice.

A primeira porque essa conceituação de significado não deixa claro até que ponto se trata de uma questão de regras e convenções. E também porque, ao definir significado em termos de efeitos pretendidos, a proposta confunde o ato ilocucionário com atos perlocucionários.

Searle então propõe que a concepção de Grice (1957) de significado seja reformulada de tal maneira a tornar claro que o significado que um falante expressa quando pronuncia uma sentença é mais do que aquilo que está relacionado ao que a sentença significa na língua usada. É preciso que um ouvinte possa captar os aspectos intencionais e convencionais do enunciado e a relação entre eles.

> Na realização de um ato ilocucionário em um enunciado literal de uma sentença, o falante pretende produzir um certo efeito ao levar o ouvinte a reconhecer sua intenção de produzir aquele efeito; e, além disso, se ele estiver usando as palavras literalmente, ele espera que esse reconhecimento seja atingido em virtude do fato de que as regras, para usar as expressões que ele enuncia, associam a expressão com a produção de um efeito. É essa combinação de elementos que nós queremos expressar na nossa análise de um ato ilocucionário. (Searle, 1978: 45. Tradução da autora)[21]

A segunda crítica que Searle (1978) faz à teoria de Grice (1957) é que, mesmo onde há, geralmente, um efeito perlocucionário correlato, pode-se dizer e significar algo sem desejar produzir tal efeito. A intenção reflexiva de Grice não funcionaria para os efeitos perlocucionários.

A comunicação humana tem algumas propriedades extraordinárias, ausentes em outros tipos de comportamento. Quando alguém tenta dizer alguma coisa, desde que as condições básicas sejam satisfeitas, tão logo o interlocutor perceba isso, a fala é bem-sucedida. Além disso, a menos que o ouvinte reconheça o que estamos querendo dizer a ele, não teremos sucesso em fazê-lo.

No caso de atos ilocucionários, nós temos sucesso em fazer o que estamos tentando fazer ao levar o interlocutor a reconhecer isso, mas o efeito no falante não é uma crença ou resposta. Consiste, simplesmente, na compreensão que o falante tem do enunciado. É esse efeito que Searle chama de ilocucionário (Searle, 1978: 47). "A forma como a intenção reflexiva funciona, pois, em uma formulação preliminar é: o falante (S) pretende produzir um efeito ilocucionário (IE) no ouvinte (H) ao levá-lo a reconhecer sua intenção na produção do efeito ilocucionário" (Searle, 1978: 47).

Para Searle (1978), não se pode emendar o conceito que Grice (1957) dá ao significado em termos de compreensão, o que seria muito circular, pois o indivíduo percebe que significado e compreensão estão muito ligados, de tal modo que essa última seja a base da análise do primeiro. Propõe então explicar o que constitui a compreensão de um enunciado em termos de algumas regras relativas aos elementos da sentença enunciada e em termos do reconhecimento do falante de que tal sentença está submetida a essas regras.

Essas duas objeções se aproximam. Do ponto de vista do ouvinte, a compreensão de um enunciado está muito conectada ao reconhecimento das intenções do falante. Searle (1978) sumaria a proposta nos seguintes elementos:

1. Compreender uma sentença é conhecer o seu significado;
2. O significado de uma sentença é determinado por regras, que especificam as condições e o significado do enunciado;
3. Segue-se que pronunciar uma sentença e o seu significado depende de: a) pretender que o ouvinte tome conhecimento do sentido das palavras que a compõem e b) pretender levar o ouvinte a reconhecer uma intenção em virtude das regras em que a sentença se baseia;
4. A sentença então fornece os meios convencionais de se chegar à intenção de produzir certo efeito ilocucionário no ouvinte. Se o falante pronuncia uma sentença e transmite um significado, ele tem diversas intenções. Para o ouvinte compreender o enunciado, é necessário que essas intenções sejam atingidas, isto é: a) ele conhece o seu significado; e b) conhece as regras que governam esses elementos (Searle, 1978: 48).

Nos Quadros 5, 6 e 7, John Searle (1978) analisa, minuciosamente, três tipos de atos ilocucionários – pedir, agradecer e saudar.[22]

Quadro 5 – Ato ilocucionário: pedir

TIPO DE ATO ILOCUCIONÁRIO – PEDIR				
		PEDIR	ASSEVERAR, DECLARAR E AFIRMAR	PERGUNTA[23]
TIPOS DE REGRA	CONTEÚDO PROPOSICIONAL	Ato futuro (A) do ouvinte (H).	Qualquer proposição.	Qualquer proposição ou função proposicional.
	PREPARATÓRIA	I. O ouvinte (H) é capaz de fazer o ato futuro (A).	I. O falante tem evidência quanto à verdade da proposição.	I. O falante não sabe a resposta, isso é, não sabe se a proposição é verdadeira, nem sabe se há informação necessária para completar a proposição verdadeiramente.
		II. Não é óbvio nem para o falante nem para o ouvinte que esse executará o ato no curso normal dos eventos espontaneamente.	II. Não é óbvio para o falante ou o ouvinte que esse saiba o que fazer (nem de que precise ser alertado).	II. Não é óbvio nem para falante ou ouvinte que esse fornecerá a informação no momento sem ser solicitado.
	SINCERIDADE	O falante quer que o ouvinte execute A.	O falante acredita na proposição.	O falante deseja essa informação.
	ESSENCIAL	Equivale a uma tentativa de fazer o ouvinte executar a ação.	Conta como um compromisso no sentido de que a preposição representa um estado real de coisas.	Equivale a uma tentativa de provocar essa informação do ouvinte.

COMENTÁRIOS	A ordem e o comando têm uma regra preparatória adicional de que o falante deve estar em posição de autoridade sobre o ouvinte. O comando provavelmente não tem a condição pragmática que exige a não obviedade. A relação de autoridade afeta a condição essencial, já que o enunciado conta como um esforço para levar o ouvinte a fazer o ato futuro em virtude da autoridade do falante sobre o ouvinte.	Diferentemente do ato de "discutir", essas regras não parecem estar essencialmente ligadas à tentativa de convencer. Assim, o ato "eu estou simplesmente declarando uma proposição e não tentando convencer você" é aceitável, mas "eu estou coagindo-o a realizar uma proposição e não tentando convencer você" é inconsistente.	Há dois tipos de questões: a) questões reais; b) questões para avaliar o conhecimento do interlocutor. Nas questões reais, o falante quer descobrir a resposta, mas nas outras o falante quer saber se o ouvinte é detentor desse conhecimento.

Fonte: Searle (1978: 66-7).

Quadro 6 – Ato ilocucionário: agradecer

TIPO DE ATO ILOCUCIONÁRIO – AGRADECER				
		AGRADECER	ACONSELHAR	ADVERTIR
TIPOS DE REGRA	CONTEÚDO PROPOSICIONAL	Um ato A já realizado pelo ouvinte.	Ato futuro do ouvinte.	Evento futuro ou estado etc. (E).
	PREPARATÓRIA	O ato beneficia o falante, que acredita nisso.	I. O falante tem razão para crer que o ato futuro beneficiará o ouvinte. II. Não é óbvio nem para o falante nem para o ouvinte	I. O ouvinte tem razão para acreditar que o evento ocorrerá e não é do interesse do dele. II. Não é óbvio nem para falante nem

				que esse executará o ato futuro no curso normal dos eventos.	para ouvinte que o evento ocorrerá.
	SINCERIDADE	O falante sente-se grato e aprecia o ato.	O falante acredita que o ato futuro beneficiará o ouvinte.		O falante acredita que o evento futuro ou estado não atende ao melhor interesse do ouvinte.
	ESSENCIAL	Equivale a uma expressão de gratidão ou apreciação.	Conta como um compromisso quanto ao efeito de que o ato futuro seja do melhor interesse do ouvinte.		Equivale a um compromisso quanto efeito de que o evento futuro ou estado não é do melhor interesse do ouvinte.
COMENTÁRIOS		A sinceridade se sobrepõe a regras essenciais. Agradecer não é somente expressar gratidão, do mesmo modo que prometer não é somente expressar uma intenção.	Ao contrário do que se pode supor, um conselho não é um tipo de solicitação. É interessante comparar "aconselhar" com "instar", "defender" e "recomendar". Aconselhar alguém não é tentar que essa pessoa faça alguma coisa, como no caso de "pedir". Aconselhar é mais como dizer para alguém o que é melhor para essa pessoa.		Advertir é como aconselhar, e não pedir. Não é, necessariamente, uma tentativa de levar alguém a realizar uma ação evasiva. Observe-se que isso equivale à advertência categórica, e não hipotética. Muitas advertências são provavelmente hipotéticas: "se você não realiza X, então ocorrerá Y".

Fonte: Searle (1978: 66-7).

Quadro 7 – Ato ilocucionário: saudar

TIPO DE ATO ILOCUCIONÁRIO – SAUDAR			
		SAUDAR	CONGRATULAR
TIPOS DE REGRA	CONTEÚDO PROPOSICIONAL	Nenhum.	Algum evento, ato etc. relacionado ao ouvinte.
	PREPARATÓRIA	O falante acaba de encontrar (ou ser apresentado) ao ouvinte.	Algum evento ou ato é do interesse do ouvinte e o falante crê nisso.
	SINCERIDADE	Nenhuma.	O falante se compraz mediante algum evento ou ato.
	ESSENCIAL	Equivale ao reconhecimento cortês do ouvinte pelo falante.	Equivale a uma expressão de satisfação mediante algum evento ou ato.
COMENTÁRIOS		–	"Congratular" é semelhante a "agradecer" no que diz respeito à condição de sinceridade.

Fonte: Searle (1978: 66-7).

John Searle (1978) observa ainda que, quando a força ilocucionária de um enunciado não é explicitada, ela poderá sempre se tornar explícita, o que é um princípio de *expressabilidade*, segundo o qual tudo o que pode ser significado pode ser dito. Quando falta algum elemento na língua para cumprir esse princípio, ela pode ser enriquecida com a adoção de um neologismo ou empréstimo.[24] E ele se propõe uma pergunta: há alguns atos ilocucionários básicos que podem resumir os demais? Em resposta, observa que não devemos supor que os diferentes verbos ilocucionários formam pontos em um mesmo *continuum*. Ao contrário, há diferentes contínuos de força ilocucionária.

Uma vez que existem diferentes dimensões de força ilocucionária e que um ato de enunciação pode ser realizado com variadas intenções, é importante entender que um mesmo enunciado pode constituir-se na realização de diversos atos ilocucionários. Ademais, alguns atos ilocucionários podem ser definidos em termos do efeito perlocucionário que se quer atingir. Por isso, embora sejam opcionalmente, convencionais, não são governados por regras (Searle, 1978: 71).

Em resumo, este capítulo identifica uma dimensão micro e uma dimensão macro na Sociolinguística Interacional (SI), em função de influências como a Etnografia e a Etnometodologia (na Antropologia) e da Análise da Conversação (na Sociologia).
O método heurístico da SI é interpretativo e o seu objeto são as estratégias comunicativas no processo de produção e reprodução da identidade social.
O capítulo examina a conversação contextualmente situada, com base nos significados referenciais (semânticos) e sociopragmáticos (pragmáticos).

Dá ainda ênfase aos conceitos de *code-switching* e *footing* e à força ilocucionária do enunciado. Trata de metamensagens, remetendo aos autores Sacks, Schegloff, Jefferson, Goffman e Gumperz. Ao abordar esse último, remete também à "agência humana".
As raízes da SI estão em três tradições funcionalistas: i) na Etnografia da Comunicação; ii) na Semântica Cognitiva; e iii) na Análise da Conversação.
Por isso são recuperadas as contribuições de Robert Le Page e Gerald Berreman, e enfatizado o trabalho fenomenológico dos etnometodólogos Max Weber, Alfred Schutz e Harold Garfinkel. Com Allan Bell, é revisado o formato de audiência; com Bakhtin, as vozes dos interlocutores; já com Cazden, a responsividade. A influência do ouvinte é destacada com Pierre Bourdieu.
Em síntese: a partir de 1960, a SI absorveu três paradigmas: 1) com Weinreich, remetendo à Dialetologia Estrutural; 2) com Gumperz e Hymes, à Fenomenologia; e 3) com Bourdieu, à Sociologia da Reprodução.
Entre os principais sociolinguistas, dá-se destaque a John Gumperz e Robert Le Page.
Finalmente, o capítulo detém-se na Filosofia da Linguagem de Austin e Searle: a Teoria dos Atos de Fala, estendendo-se na descrição do ato performativo, do ato locucionário, do ato ilocucionário e do ato perlocucionário, que são detalhados e exemplificados, no trabalho de Austin, a que John Searle dá seguimento. Faz isso levantando várias questões referentes a expressões referenciais singulares e plurais, definidas e indefinidas, e enfatizando a distinção entre ato ilocucionário e conteúdo preposicional. É Searle também que formaliza os tipos de atos ilocucionários, exemplificando-os com os verbos "pedir", "agradecer" e "saudar". Ele afirma que a força ilocucionária de um enunciado sempre pode tornar-se explícita (princípio da expressabilidade), o que se pode conseguir valendo-se de neologismos e empréstimos.
O capítulo finaliza com o tratamento da Filosofia de Paul Grice, que trabalha os conceitos abarcados na palavra *meaning*.

Notas

[1] Minha primeira referência a essa dicotomia gumperziana é de 1997 na mesa redonda "Macrossociolinguística e a aplicação desses conhecimentos para a sociedade brasileira", no Congresso da Abralin em Maceió.
[2] Nas Ciências Sociais, podemos assistir à convivência e influência mútua de paradigmas.
[3] Esse trecho foi baseado na contracapa do livro J. L. Austin, *How to Do Things with Words*, editado por J. O. Urmson e Marina Sbisà (Cambridge, Massachusetts, Harvard University Press, 1975).
[4] "When we perform a locutionary act, we use speech: but in what way precisely are we using it on this occasion? For there are very numerous functions of or ways in which we use speech, and it makes a great difference to our act in some sense [...] in which way and which sense we were on this occasion 'using' it. It makes a great difference whether we were advising, or merely suggesting, or actually ordering, whether we were strictly promising or only announcing a vague intention, and so forth. These issues penetrate a little but not without confusion into grammar, but we constantly do debate them, in such terms as whether certain words (a certain locution) had the force of a question, or ought to have been taken as an estimate and so on" (Austin, 1975: 99).
[5] "O que eu quero dizer".
[6] "O que isso significa".
[7] "In some form or other some such questions must make sense; we do know that people communicate, that do say things and sometimes mean what they say, that they are, on occasion at least, understood, that they ask questions, issue orders, make promises, and give apologies,

that people's utterances do relate to the world in ways we can describe by characterizing the utterances as being true or false or meaning-less, stupid, exaggerated or what-not. And if these things do happen it follows that it is possible for them to happen, and if it is possible for them to happen it ought to be possible to pose and answer the questions which examine that possibility."

[8] "O homem".
[9] "Um homem".
[10] "Os homens".
[11] "Alguns homens".
[12] "To sum up: the speech act of referring is to be explained by giving examples of paradigmatic referring expressions, by explaining the function which the utterance of these expressions serves in the complete speech act (the illocutionary act), and by contrasting the use of these expressions with other expressions. Paradigmatic referring expressions in English fall into three classes as far as the surface structure of English sentences is concerned: proper names, noun phrases beginning with the definite article or a possessive pronoun or noun and followed by a singular noun, and pronouns. The utterance of a referring expression characteristically serves to pick out identify a particular object apart from other objects. The use of these expressions is to be contrasted not only with the use of predicative expressions and complete sentences, but also with indefinite referring expressions, expressions referring to universals, and plural definite referring expressions" (Searle, 1978: 28 ss.).
[13] "Eu não prometo vir".
[14] "Não faça isso".
[15] "Except for yes-no questions the symbolism for questions must represent propositional functions and not complete propositions. [...] e.g., the sentence, 'I promise to come' has two negations, 'I do not promise to come' and 'I promise not to come'. The former is an illocutionary negation, the latter a propositional negation. Propositional negations leave the character of the illocutionary act unchanged. Thus, an utterance of 'I do not promise to come' is not a promise but a refusal to make promise. An utterance of 'I am not asking you to do it' is a denial that a request is being made and is quite different from the negative request 'don't do it'" (Searle, 1978: 31 ss.).
[16] "Há cavalos".
[17] "Eu não prometo vir".
[18] "Eu prometo"
[19] "Eu prometo vir".
[20] Significado.
[21] "In the performance of an illocutionary act in the literal utterance of a sentence, the speaker intends to produce a certain effect by means of getting the hearer to recognize his intention to produce that effect; and furthermore, if he is using words literally, he intends this recognition to be achieved in virtue of the fact that the rules for using the expressions he utters associate the expression with the production of that effect. It is this combination of elements which we shall need to express in our analysis of the illocutionary act" (Searle, 1978: 45).
[22] Os Quadros 5, 6 e 7 foram traduzidos de forma literal do original de Searle (1978).
[23] No sentido de perguntar uma questão, e não no sentido de dúvida.
[24] Observe-se que, em inglês, o "*to ask*" tem dois sentidos, "pedir" e "perguntar", e o autor examina essa condição em termos das duas forças ilocucionárias implicadas. Em português temos dois verbos com sentidos bem distintos e não há como confundir a força ilocucionária do verbo "pedir" com a força equivalente do verbo "perguntar".

Etnografia

Quando discutimos Etnografia, convém referir, logo ao início, ao princípio da reflexividade. Esse princípio diz respeito à importância da compreensão das perspectivas das pessoas que estão sendo pesquisadas, observando-se suas atividades no dia a dia, e não apenas baseando-nos nas suas narrativas ou simulações experimentais.

A Etnografia se apoia em uma ampla base de dados, a começar pela participação do etnógrafo na vida diária da comunidade por um período longo de tempo – embora, mais recentemente, haja boas etnografias coletadas em períodos mais curtos. Cabe ao etnógrafo observar o que ocorre, ouvir o que é dito e fazer perguntas reunindo informações que podem lançar luzes sobre as questões nas quais ele ou ela está interessado.

Alguns autores descartam a Etnografia como um método científico por considerar alto o grau de subjetividade do pesquisador sobre seus achados. Hammersley e Atkinson (1989) argumentam contrariamente que, somente por meio da Etnografia, são compreendidos os significados que dão forma e conteúdo aos processos sociais sob análise. Esses autores também propõem distinções entre os paradigmas positivista e naturalista, o primeiro apoiado em métodos quantitativos e o segundo que elege a Etnografia como o único método de pesquisa social legítimo. Nenhum dos dois é plenamente satisfatório. Antes, são complementares.

No entanto uma vez reconhecido o caráter reflexivo da pesquisa social, muitas das questões levantadas contra o positivismo tornam-se mais fáceis de resolver, e a contribuição da Etnografia emerge mais claramente (Hammersley; Atkinson, 1983/1989: 3).

O positivismo tem uma história longa na Filosofia e atingiu o seu apogeu nos anos 1930 e 1940. Os autores referidos elencam as seguintes características desse paradigma:

1. A ciência é concebida como experimental, com postulação de variáveis quantitativamente mensuráveis, além do emprego da lógica de estímulo e resposta.
2. No paradigma positivista, busca-se uma explicação de forma dedutiva, e os resultados devem permitir generalizações.

3. As teorias científicas cuidam do que seja diretamente observável, descrito por meio de uma linguagem o mais neutra possível, isto é, reduzindo ao mínimo a influência do observador.
4. Ganha dimensão especial o emprego de métodos que permitam testar as teorias: confirmar – ou pelo menos falsificar – as teorias que estão na raiz do modo positivista de fazer ciência. Ademais tais métodos devem ser replicáveis.

Quanto ao naturalismo, esse paradigma releva o estudo natural dos fenômenos e recebe nomes distintos, tais como: Interacionismo Simbólico, Fenomenologia, Hermenêutica, Filosofia Linguística e Etnometodologia. É fundamental que o pesquisador tenha uma atitude de respeito e apreço em relação ao mundo social que está descrevendo e, principalmente, de compromisso com a fidelidade.

Não se concebe a análise em termos causais. Para os autores referidos, "não se busca causalidade porque as ações humanas são empreendidas de significados sociais: intenções, motivos, atitudes e crenças" (Hammersley; Atkinson, 1983/1989: 7).

Revisando, os métodos naturalistas de se ler o mundo não trabalham com fatos antecedentes e consequentes; razão e consequência; causa e efeito; variáveis independentes e dependentes. O que se busca é compreender os significados sociais que impregnam o comportamento humano.

Onde o positivismo postula a testagem de hipóteses, o naturalismo propõe um processo de exploração. Em vez de importar métodos das ciências físicas, a Etnografia, com sua base naturalista, entende que as pessoas pesquisadas detêm sua visão própria sobre o mundo e essa visão influencia o mundo.

Há que se observar também que os resultados da própria pesquisa social são influenciados pelos grupos – classes, etnias, nações – que detêm o poder. Um antídoto para esse problema na abordagem naturalista é a ênfase na interpretação.

Tanto o positivismo quanto o naturalismo têm de fazer uma distinção clara entre ciência e senso comum. A forma como o naturalismo lida com essa distinção é reconhecer que o pesquisador é parte do mundo que ele estuda. Não há como evitar o senso comum. Em lugar de considerar esse fato como um viés negativo, o naturalismo vale-se dele: "como as pessoas respondem à presença do pesquisador pode ser tão informativo quanto a forma com que reagem a outras situações". (Hammersley; Atkinson, 1983/1989: 16).

ETNOGRAFIA DA COMUNICAÇÃO

Para tratarmos da Etnografia da Comunicação, é bom retomarmos os princípios que a tornam significativa e que têm origem nos conceitos postulados por Dell Hymes, com os quais esse autor sumariou a proposta da nova disciplina (Hymes, 1974: 55 ss.). Para tanto, usou como acrônimo a palavra *"SPEAKING"*, conforme descrito a seguir no Quadro 8.

Quadro 8 – *SPEAKING*

S – *Setting* – ou *scene*: Ambiente
P – *Participants*: Participantes
E – *Ends*: Fins ou propósitos
A – *Act Sequence*: Forma e conteúdo da mensagem
K – *Key*: Tom ou modo de pronunciar
I – *Instumentalities*: Instrumentos de transmissão
N – *Norms*: Normas de interação e interpretação
G – *Genres*: Gêneros textuais, orais ou escritos

Fonte: Saville-Troike (1982).

Vejamos cada um desses conceitos.

1. *Setting*/**ambiente:** toda comunicação humana tem lugar em um ambiente físico, desde o diálogo entre Deus e Adão e Eva, que transcorreu no Paraíso Terrestre ou Jardim do Éden. E esse ambiente físico exerce grande influência na forma de comunicação, às vezes, até a molda. À medida que os falantes se familiarizam com ambientes distintos (um culto na igreja, uma conversa na feira etc.) desenvolvem sua competência de modo a selecionar modos de falar adequados para cada ambiente. Indivíduos que frequentam diferentes comunidades de fala, em países distintos, habitados por distintas etnias ou grupos sociais, vão ampliando sua desenvoltura conversacional.
2. *Participants*/**participantes:** no Brasil, temos um dito popular: "quem sou eu para lhe falar assim?", "quem é você para eu lhe falar assim?". Em todo ato de fala, o falante tem consciência do *status* de seu interlocutor. Admite-se, até na literatura especializada, que o ouvinte ou interlocutor seja a variável mais importante no processo de adequação da fala. Crianças brasileiras ouvem frequentemente dos pais a repriminda: "veja como você fala comigo!". Na rotina diária, os falantes sabem como se comunicar com diferentes interlocutores. Por exemplo: a funcionária doméstica de sua casa, a caixa de supermercado, o taxista, a diretora da escola dos filhos etc. Ressalte-se nesse item a relevância da polidez e dos diferentes modos de falar, que discutimos brevemente no tópico "Diglossia e bilinguismo".
3. *Ends*/**fins ou propósitos:** toda troca conversacional tem uma finalidade. Por exemplo: pedir crédito em um banco, pedir perdão a Deus pelos pecados, fazer uma declaração de amor ou, simplesmente, pedir desculpas a alguém por lhe ter pisado nos pés. Essa finalidade envolve todo o processo e o falante não a perde de vista.

4. *Act sequence*/**forma e conteúdo da mensagem:** cada tipo de mensagem tem determinada peculiaridade: é mais longa, mais breve, mais escorreita, mais relaxada, mais sucinta, mais detalhada. Aprender a conversar inclui também identificar essas peculiaridades na comunidade de fala em que o diálogo transcorre.
5. *Key*/**tom ou modo de pronunciar:** uma mesma sequência de palavras em uma dada língua pode transmitir diferentes forças[1] dependendo do modo como é pronunciada: com voz baixa, voz alta, gritos, sussurro etc. ou seja, dependendo do tom.
6. *Instrumentalities*/**instrumentos de transmissão:** a forma mais simples de comunicação é face a face, mas na vida moderna usamos muitos instrumentos interacionais, como o telefone, o telégrafo e, modernamente, a internet.
7. *Norms*/**normas de interação e interpretação:** segundo o antropólogo funcionalista Goodenough (1964), em cada papel social que o indivíduo aceita ou é obrigado a desempenhar, existem normas a serem seguidas. Essas normas podem variar amplamente de uma cultura para a outra. Por exemplo, Paul Grice (1975) propõe que uma das normas de comunicação é a observância da brevidade: devemos ser breves, objetivos, evitar obscuridades etc. No entanto há culturas em que essa norma não se coloca. E até em uma mesma cultura há tipos de interação mais breves e outros mais alongados. Convém observar que, para um aluno de uma língua estrangeira, não basta aprender a sua estrutura. É preciso aprender também as normas comunicativas vigentes nas comunidades que usam tal língua.
8. *Genres*/**gêneros textuais orais e escritos:** os modos de falar de uma comunidade compreendem diversos gêneros. Isso fica mais claro quando nos referimos à literatura. Qualquer falante competente sabe distinguir alguns dos gêneros com os quais convive. Nas comunidades letradas, desde os primeiros anos escolares, as crianças são apresentadas a gêneros diferentes: historinhas, poemas, trovas, texto informativo nos jornais etc. O advento da internet, a partir de 1969, deixou isso bem claro porque o usuário tem de selecionar um gênero adequado para se comunicar com seus diferentes interlocutores. Além disso, em certas redes sociais não pode exceder a determinado número de palavras.[2]

Os conhecimentos auferidos na área da Etnografia da Comunicação ou da Fala têm sido muito valiosos para a descrição da dinâmica de sala de aula ou de outros ambientes educacionais. Denominei-os Etnografia da Educação.

ETNOGRAFIA DA EDUCAÇÃO

Vimos que a Etnografia prevê a participação do etnógrafo na comunidade a ser estudada. No caso, a pesquisa em Etnografia da Educação é realizada em ambientes educacionais, sejam eles formais ou informais, com foco na rede de atores: coordenação, autores dos textos, administradores, professores e alunos. Em tal pesquisa, a base é a observação participante: ouvir o que os participantes têm a dizer sobre as questões de interesse da pesquisa.

O etnógrafo norte-americano Frederick Erickson (1986) constrói uma interessante metáfora, ao observar que a pesquisa etnográfica visa ao "desvelamento do que está dentro da caixa preta na rotina dos ambientes escolares, identificando processos que, por serem rotineiros, tornam-se invisíveis para os atores que deles participam" (Bortoni-Ricardo, 2005: 237). De fato, as rotinas estão tão incorporadas ao comportamento espontâneo e socialmente adquirido que se torna difícil para os participantes identificarem o significado dessas rotinas, e, mais ainda, reconhecer a matriz social mais ampla que as condiciona e que também é por elas condicionada.

Se tratamos de uma metodologia etnográfica colaborativa, em que o objeto de pesquisa é a ação/reflexão/ação de sujeitos-parceiros, ao contrário de pesquisas que seguem outras metodologias ou paradigmas, não há uma divisão rígida entre a fase inicial de observação para a coleta de dados e a fase de análise. Ambas de caráter essencialmente interpretativo. Vejamos como se dá o processo:

1. O pesquisador inicia o trabalho com **perguntas exploratórias**, que advêm: a) da literatura especializada; b) de sua experiência de vida; e c) do senso comum. Elas quase sempre surgem de uma observação piloto[3] das rotinas de interesse da pesquisa.
2. Estabelecendo o escopo e o limite desse interesse, pode-se partir para o **objetivo central** da pesquisa e os **objetivos específicos**, "pois quem não sabe o que procura não percebe quando o encontra" (Bortoni-Ricardo, 2005: 237).
3. Uma vez definidos os objetivos, cabe ao etnógrafo produzir uma **asserção geral** e **subasserções** (ver capítulo "Sala de aula"), correspondentes, respectivamente, ao objetivo geral e aos objetivos específicos.
4. Após a postulação das asserções, o etnógrafo começa a **coleta de dados** que possam confirmá-las ou não. Em todo esse processo, é indispensável o diálogo com os participantes da pesquisa, para que se torne conhecida a sua perspectiva significativa sobre cada ação identificada. Esse processo permitirá ao pesquisador verificar se há identidade entre a sua interpretação e as dos sujeitos participantes (Bortoni-Ricardo, 2005).

Veja-se o Quadro 9 que resume essas tarefas.

Quadro 9 – Sequência das tarefas do pesquisador

Perguntas exploratórias	Objetivo	Asserções iniciais	Confirmação ou desconfirmação das asserções	Dados
Você ouve toda a contribuição dos alunos para o que está sendo discutido? Os colegas ficam atentos às contribuições individuais ou em grupo?	Despertar no professor o interesse pela contribuição dos alunos.	O aluno toma a palavra tão logo o assunto é proposto. O aluno que assume o piso de fala faz contato visual com o professor e colegas. A boa administração dos turnos de fala leva a bons resultados.	Confirmação: o professor nomeia os falantes primários. O professor garante que os falantes primários sejam ouvidos. O professor garante que os ouvintes ratifiquem o falante primário.	O professor iniciou o seu ato de fala nomeando sucessivamente os falantes primários. (Dia X, hora Y etc.) Em seguida, estabeleceu as estruturas participativas, que distribuem deveres e direitos. Por exemplo: "fala um de cada vez". "Existem momentos de trocarem ideias com colegas e momentos de ficarem atentos, ouvindo". "Há momentos de formar grupos" (em que os falantes primários se alternam).
Perguntas exploratórias ➤	Objetivos ➤	Asserções iniciais ➤	Confirmação ou desconfirmação das asserções.	

Fonte: Bortoni-Ricardo (2005: 239).

Definidos tais procedimentos da Etnografia da Educação, o pesquisador vai discutir cada avanço nesse processo com o professor pesquisado, o que lhe permitirá saber como ele/ela interpreta tais ações. Esse diálogo permite construir uma teoria sobre a organização de eventos e ações, de modo que o professor identifique pontos positivos a serem reiterados e pontos negativos que precisam ser alterados.

Frederick Erickson (1992) recomenda dois procedimentos de coleta de amostras em relação a uma visão ampla das rotinas interativas (Bortoni-Ricardo, 2005: 240):

a. identificar a gama completa de variação das ações que interessam à pesquisa;
b. estabelecer a tipicalidade ou atipicalidade dessas ações, levando em conta a sua frequência relativa.

"Essas amostras são coletadas por meio de observação participante, entrevistas, material documental recolhido no ambiente da pesquisa e, mais modernamente, pelo emprego de recursos tecnológicos, como gravações em vídeos, em áudios, fotografias etc." (Bortoni-Ricardo, 2005: 240).

Em se tratando de pesquisa colaborativa, o pesquisador vai discutir, em cada avanço do seu processo, a interpretação da ecologia social da sala de aula com o professor. Com isso, ele visa a conhecer a perspectiva do professor ou professora em relação às ações identificadas. Tal sequência de atos permite ao pesquisador construir teoria(s) sobre as ações observadas. Esse diálogo vai constituir-se na base da construção das teorias (Bortoni-Ricardo, 2005).

Quando o diálogo não chegar a um consenso, será preciso despender mais esforços cooperativos na análise dos dados. A gravação de videoteipes das atividades docentes tem grande utilidade, pois eles poderão ser visionados e revisionados pelos parceiros no esforço de identificação dos eventos típicos e atípicos, bem como na reiteração das ações positivas e na supressão das que têm de ser alteradas. É nessa altura dos procedimentos que os objetivos são revistos e, se necessário, redirecionados. Pode-se também postular novas asserções e ajustar as antigas (Bortoni-Ricardo, 2005).

Atingindo-se um alto grau de identificação (homologia) entre as interpretações do professor e do pesquisador, a teoria emergente já poderá ser sociabilizada com outros membros da equipe do pesquisador, organizando-se oficinas em que ambos relatam suas experiências, ilustrando-as com registros em vídeo, em áudio ou fotografia (Bortoni-Ricardo, 2005).

É muito relevante também que todo esse transcurso seja registrado em diários de pesquisa, levados à discussão em oficinas e reuniões. A convergência dos pontos de vista de dois ou mais professores deve incentivá-los a produzir um relato conjunto a ser sociabilizado com o grupo. Nunca é demais observar que qualquer divulgação dos passos da pesquisa tem de ter a anuência dos participantes envolvidos (Bortoni-Ricardo, 2005).

O Diagrama 1 resume as rotinas de trabalho de Etnografia discutidas até aqui.

72 Sociolinguística Educacional

Diagrama 1 – Rotinas de trabalho de Etnografia

1 – Entrar em campo
- O pesquisador precisa ter algumas questões exploratórias baseadas na sua vivência e na literatura técnica.

2 – Explicitar objetivos
- É necessário explicitar objetivos: "quem não sabe o que procura não reconhece quando o encontra".

3 – Relacionar ações e objetivos
- Por meio de observação participante, o pesquisador tem de identificar a gama completa das ações relacionadas ao seu objetivo de pesquisa.

4 – Diferenciar ações típicas e atípicas
- As ações identificadas são diferenciadas como típicas e atípicas.

5 – Refletir sobre uma teoria
- Todos esses procedimentos permitem a criação de uma teoria (permanentemente em revisão) sobre os padrões organizacionais das ações estudadas.

6 – Fazer emergir uma teoria
- Ao se encaixarem esses padrões organizacionais em uma matriz social mais ampla, tem início a emergência da teoria.

7 – Trabalhar conjuntamente
- Essas fases defluem do trabalho conjunto do pesquisador e professor e têm como base as interpretações de um e de outro.

8 – Identificar pontos fortes e pontos fracos
- A convergência interpretativa revela os pontos fortes e os pontos fracos na ação do professor.

9 – Realizar um diagnóstico
- A gravação em vídeo e áudio facilita essa identificação e conduz a um diagnóstico, seguido de um projeto que pode aduzir novos objetivos.

10 – Socializar experiências
- Reitere-se que toda a experiência vivenciada nessa sequência poderá ser sociabilizada em reuniões e seminários da equipe, e irá subsidiar as ações futuras do projeto.

Fonte: Bortoni-Ricardo (2005: 241-2).

Em resumo, este capítulo se volta para a Etnografia e se inicia com o princípio da reflexividade, isto é, dando ênfase às perspectivas dos sujeitos pesquisados em suas narrativas.

A base de dados desse paradigma começa pelas perguntas do etnógrafo inserido na vida da comunidade. De acordo em Hammersley e Atkinson, valorizam-se na Etnografia os significados dos processos sociais.

É apresentada a oposição entre o paradigma positivista (dados quantitativos) e o paradigma naturalista (dados etnográficos), considerados complementares.

Os autores citados elencam as seguintes características do paradigma positivista: a) ciência experimental, com apoio em variáveis mensuráveis; b) explicação dedutiva cujos resultados são generalizações; c) descrição em linguagem a mais neutra possível; e d) confirmação e/ou falsificação de teorias com métodos replicáveis.

São citados os diversos nomes atribuídos ao naturalismo: Interacionismo Simbólico, Fenomenologia, Hermenêutica, Filosofia Linguística e Etnometodologia.

No paradigma não se buscam causalidades, mas significados sociais. A ênfase na interpretação visa a neutralizar, parcialmente, a influência dos grupos de poder.

O naturalismo faz distinção entre ciência e senso comum, reconhecendo o pesquisador como parte do mundo que ele estuda.

Discutem-se, em detalhe, os conceitos hymesianos insertos na palavra *SPEAKING*: (S) *setting*/ambiente; (P) *participants*/participantes, (E) *ends*/fins; (A) *act sequence*/conteúdo da mensagem; (K) *key*/tom; (I) *instrumentalities*/instrumentos de transmissão; (N) *norms*/normas; (G) *genres*/gêneros.

Por fim, situa a Etnografia da Educação em diversos ambientes educacionais formais e informais (a caixa preta, conforme Erickson), mencionando seus participantes, e listam-se as fases do processo etnográfico: perguntas exploratórias; definição de objetivo central e específicos; produção da asserção geral e subasserções; confirmação e desconfirmação de asserções e exemplos de coleta de dados, sempre no diálogo com o professor. Ainda segundo esse autor, referem-se dois procedimentos de coletas de dados e se postulam as seguintes rotinas interativas: a) identificação da gama completa de variação e b) definição de sua tipicalidade ou atipicalidade. Reitera-se a necessidade de anuência dos participantes envolvidos, concluindo que a homologia entre a interpretação do professor e do pesquisador permite a emergência da teoria etnográfica.

Notas

[1] Estou-me referindo aqui à força locucionária (o que o falante diz), à ilocucionária (o que o falante quis dizer) ou à perlocucionária (o efeito da fala no ouvinte) (cf. Austin [1911-1960], 1962).

[2] Para mais informações sobre a sigla *SPEAKING*, de Dell Hymes, recomendo alguns livros meus: Stella Maris Bortoni-Ricardo, *Nós cheguemu na escola, e agora?*, São Paulo, Parábola Editorial, 2005; *Manual de sociolinguística*, São Paulo, Contexto, 2014; e *Português brasileiro, a língua que falamos*. São Paulo, Contexto, 2021.

[3] Uma observação ou projeto piloto é um estudo de pequena escala, conduzido anteriormente à pesquisa principal, que pode ajudar a avaliar a viabilidade, eventuais problemas, duração etc. dessa pesquisa.

Pesquisa em Educação

Este capítulo é destinado à análise do que venho chamando de Sociolinguística Educacional, desde meados da década de 1990, e concentra-se principalmente em questões teóricas.

Denominei Sociolinguística Educacional o esforço de aplicação dos resultados das pesquisas sociolinguísticas na solução de problemas educacionais e em propostas de trabalho pedagógico mais efetivas. Para isso, o paradigma incorpora resultados de estudos sociolinguísticos quantitativos e qualitativos, enriquecendo-os com subsídios oriundos de áreas afins, como a Pragmática, a Linguística do Texto, a Linguística Aplicada e a Análise do Discurso. (Bortoni-Ricardo, 2014: 158)

Educadores brasileiros, especialmente Paulo Freire, a partir de 1960, e Magda Soares, a partir de 1970, foram pioneiros na identificação de um problema seminal na educação brasileira, na medida em que essa não leva em conta as profundas diferenças entre os segmentos da população do país. No entanto, há trabalhos relevantes que têm influenciado a academia. O Quadro 10 faz referência a alguns desses trabalhos voltados para a alfabetização a partir da década de 1980:

Quadro 10 – Trabalhos de Linguística sobre alfabetização no Brasil

Ano	Autor	Trabalhos
1981	Mírian Barbosa da Silva	*Leitura, ortografia e fonologia.*
1992	Carlos Alberto Faraco	*Escrita e alfabetização: característica do sistema gráfico do português.*
1995	Leda V. Tfouni	*Letramento e alfabetização.*
1999	Luiz Carlos Cagliari	*Alfabetização e linguística.*
2000	Artur Gomes de Moraes	*O aprendizado da ortografia.*
2003	Leonor Scliar-Cabral	*Princípios do sistema alfabético do português do Brasil.*
2004	Dermeval da Hora	*Estudos sociolinguísticos: perfil de uma comunidade.*

2004	Rosa Virgínia Mattos e Silva	*O português são dois: novas fronteiras, velhos problemas.*
2007	Maria Cecília Mollica	*Fala, letramento e inclusão social.*
2007	Marcos Bagno	*Nada na língua é por acaso: por uma pedagogia da variação linguística.*
2008	Stella Maris Bortoni-Ricardo et al.	*Série ensinar leitura e escrita na escola.*
2017	Magda Soares	*Linguagem e escola: uma perspectiva social.*

Fonte: a própria autora.

Meu trabalho com a Sociolinguística Educacional foi motivado pelas seguintes questões: a) em que consiste e como se manifesta a incongruência existente entre a cultura da escola e a cultura das crianças de periferia, de favelas, de zona rural, filhos de pais iletrados?; b) de que forma essas crianças são afetadas?

Ambas as questões são trabalhadas por meio de microanálises que se processam em quatro níveis:

i) a **Etnografia de sala de aula**, com ênfase na interação professor-aluno, complementada com a análise etnográfica no ambiente familiar dos alunos. A metodologia utilizada para essa etnografia se atém a uma abordagem clássica dentro da tradição sociolinguística, ou seja, é qualitativa e indutiva e apoia-se na observação participante. O foco central da atenção incide sobre a comunicação verbal e não verbal dos atores em sala de aula: professores e alunos, complementada por descrições desses últimos, em ocasiões informais, como os recreios e lanches, bem como no contexto das famílias;

ii) a **descrição das estratégias verbais** empregadas pelos alunos, com especial atenção para as rotinas comunicativas que eles executam, espontaneamente ou como cumprimento de tarefas escolares, nas modalidades oral e escrita da língua;

iii) o recurso às **análises sociolinguísticas quantitativas** – fonológicas, morfossintáticas e léxico-semânticas – que caracterizam as variedades linguísticas usadas por esses alunos; e

iv) a **elaboração de currículos e materiais didáticos**, que promovam o desenvolvimento da competência comunicativa dos estudantes, habilitando-os a desempenhar, com segurança e fluência, tarefas comunicativas complexas, inicialmente na modalidade oral e, depois, também na modalidade escrita.

Associei todas essas questões e métodos a uma proposta que denominei "Pedagogia culturalmente sensível", cujo modelo foi *A Culturally Responsive Pedagogy*, como desenvolvida por Frederick Erickson (1986), em um contexto de pesquisa muito influenciado por Labov (1987), que passamos a discutir.

METODOLOGIA DE PESQUISA: ASSERÇÕES E DADOS

A proposta de Erickson (1986) torna-se mais clara com o Diagrama 2, que o autor construiu e que reproduzimos aqui, no qual ele esclarece a relação de subasserções com uma asserção[1] geral, incluindo campos para representar os tipos de dados que têm significância para a confirmação dessas asserções. Quando uma asserção tem suporte em vários tipos de dados, o pesquisador pode estar mais seguro quanto a sua confirmação. Uma asserção para a qual não haja quaisquer tipos de dados que a confirmem não será considerada na pesquisa. O pesquisador pode descartá-la ou reservá-la para investigação futura. Esse processo é identificado como "indução analítica", porque parte de dados específicos para afirmações gerais. Observe-se que o pesquisador poderá fazer referência às asserções ou subasserções descartadas, ao escrever o seu relatório final (Bortoni-Ricardo, 2008).

Diagrama 2 – Elos entre dados e asserções

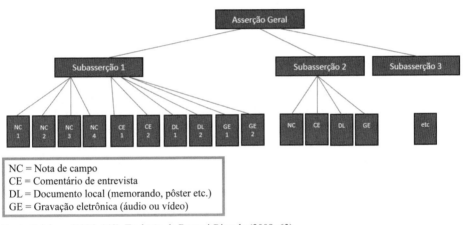

NC = Nota de campo
CE = Comentário de entrevista
DL = Documento local (memorando, pôster etc.)
GE = Gravação eletrônica (áudio ou vídeo)

Fonte: Erickson (1986: 148). Tradução de Bortoni-Ricardo (2008: 63).

Entende-se, com o Diagrama 2, que o pesquisador precisa ser capaz de subsumir em uma frase o que pensa sobre a questão a ser pesquisada. Embora possa parecer óbvio, é necessário afirmar que o pesquisador deve dar especial atenção à asserção geral de sua pesquisa, bem como às demais subasserções, pois elas o manterão numa sequência de raciocínio que o ajudará a não se afastar dos objetivos propostos. Veja-se um exemplo de uma asserção geral em trabalho de Sociolinguística Educacional:

Asserção geral: A ocorrência de hipercorreções revela o esforço do falante para monitorar seu estilo.

Dessa asserção pode decorrer uma subasserção como:

Subasserção: A flexão do verbo "haver" impessoal é indício de hipercorreção.

Exemplo: houve muitos relâmpagos e trovões > houveram muitos relâmpagos e trovões*.

Vejamos como se constituem os tipos de dados que dão suporte às asserções no Diagrama 2.

As Notas de Campo (NC) decorrem da observação *in loco* pelo pesquisador, desde a proposta de sua pesquisa. Mas poderão aflorar também nas fases subsequentes do processo. Ao observar um fato que lhe pareça relevante para os propósitos da referida asserção, o pesquisador escreve uma nota. Por exemplo:

Nota de Campo: Antes de escrever o exemplo na lousa, o professor consultou os dados que trazia consigo.

Os Comentários de Entrevista (CE) são observações espontâneas do entrevistado relativas às questões propostas. Veja-se o exemplo:

Comentário de Entrevista: Sempre acho que devo dizer "houveram festas", mas não é correto, não é?

Os Documentos Locais (DL) são obtidos no espaço em que se processa a pesquisa, por exemplo, cópia dos diários de classe.

Hoje em dia é possível realizar as Gravações Eletrônicas (GE) até mesmo com aparelhos celulares. Elas podem ser muito úteis na confirmação ou descarte das asserções.

A SOCIOLINGUÍSTICA NO BRASIL

A Sociolinguística no Brasil teve início logo após a sua emergência nos Estados Unidos, em meados da década de 1960, quando William Labov publicou os textos *The Social Motivation of a Sound Change* (1963) e *The Effect of Social Mobility on Linguistic Behavior* (1966).

Um marco mais preciso, no caso brasileiro, é o texto de 1976: *Syntactic Diffusion*, de Anthony Julius Naro [1942-2024] e Miriam Lemle [1937-2020], da Universidade Federal do Rio de Janeiro (UFRJ).

Em 1981, Gregory Guy defendeu, na Universidade da Pensilvânia, a tese *Linguistic Variation in Brazilian Portuguese: Aspects of the Phonology, Syntax and Language History*. Nesse trabalho, o autor apresenta a hipótese que associa a origem do português brasileiro não padrão a uma língua crioula do período colonial. Os falares rurais, como descritos por Amadeu Amaral (1976/1920), seriam remanescentes desse crioulo, que se descrioulizou mais rapidamente nas comunidades de fala urbana, em virtude do contato social mais heterogêneo e do desenvolvimento de meios de transporte e do sistema educacional, em suma, do próprio processo de urbanização (cf. Bortoni-Ricardo, 2011).

Outro marco importante na evolução sociolinguística brasileira é o artigo de Anthony Naro na revista *Language* em 1980: "Review Article on Linguistic Variation: Models and Methods".

Os procedimentos analíticos dessa corrente tiveram início com William Labov e David Sankoff em 1980 e preconizavam que a heterogeneidade, considerada sistemática na língua, tem de ser pesquisada em *corpora* constituídos de transcrição fiel da fala, e aferidos estatisticamente por meio da análise de regras variáveis. Como vimos, uma regra variável é relatada com o número de casos ocorridos em cada ambiente estudado (Labov, 1972b: 94).

Buscam-se, assim, forças coercitivas, isto é, fatores que influenciam a regra, que podem ser linguísticas ou sociais (cf. Mollica; Braga, 2003). Observe-se que os primeiros são parte do próprio discurso, enquanto os últimos têm natureza demográfica – referem-se ao falante.

Guy (1980) e Naro (1981), trabalhando na UFRJ, foram introduzindo no Brasil esses procedimentos epistemológicos que estavam sendo propostos e aperfeiçoados na América do Norte. Com relação à perda de sufixos flexionais no português popular brasileiro, o segundo defendeu a existência de uma deriva lenta da língua em direção à eliminação da concordância de número da gramática. Já Gregory Guy (1980) apresentou um argumento distinto, apoiado na hipótese de um período anterior de descrioulização, no qual os traços mais salientes da língua padrão foram adquiridos primeiro.

A partir da UFRJ, vários outros grupos se voltaram para estudos sociolinguísticos. Entre eles devemos citar, em São Paulo: Luiz Carlos Cagliari; no Paraná: Carlos Alberto Faraco; na Bahia: Dante Lucchesi, Jacyra Andrade Mota e Maria do Socorro Silva de Aragão; no Rio Grande do Sul: Heinrich Bunse; e em Santa Catarina: Edair Maria Görski. Em vários deles houve uma feliz complementação entre estudos de Dialetologia regional e de Sociolinguística Variacionista.

Cada um desses centros contribuiu com a formação de muitos pesquisadores que disseminaram pesquisas sociolinguísticas em todo o Brasil. Por exemplo, no Rio de Janeiro, em Teresina, em Londrina e em Brasília. Remeto o leitor interessado em indicação mais completa a Mollica e Braga (2003): *Introdução à sociolinguística: o tratamento da variação.*

A proposta que apresento a seguir, sobre contínuos linguísticos, facilita o entendimento da variação linguística no território brasileiro.

METODOLOGIA DOS CONTÍNUOS

A transição entre a Idade Média e a Idade Moderna resultou na emergência de nações que englobaram os pequenos estados feudais. Paralelamente a isso, vemos a consolidação de línguas nacionais, que funcionavam como um fator de unidade ou, contrariamente, de diferenciação entre uma nação e outra. Faraco (2016: 23), por exemplo, nos mostra que em 1284 a produção de documentos na língua românica no território que hoje é Portugal suplantou tal documentação em latim.

A gradual consolidação das línguas nacionais foi acompanhada por um esforço sistemático de ensino de cada uma das nações onde a língua era usada. Desenvolveu-se, pois, um sistema escolar paralelo que também passava por processo de estruturação.

O trabalho pedagógico com a respectiva língua nacional nas escolas implicava um critério de correção, ou seja, a distinção necessária entre enunciados corretos e enunciados incorretos. Essa imposição sempre esteve (e está) muito presente na escola brasileira. A emergência dos estudos de Linguística no Brasil, já no século XX, com Mattoso Câmara Jr. (1941) e outros, teve como resultado uma relativização dessa dicotomia que, no entanto, ainda suscita muitas dúvidas.

Buscando evitar uma descrição do português brasileiro dependente de juízo de valor gramatical, comecei a trabalhar uma metodologia de contínuos, postulando, inicialmente, uma linha imaginária das comunidades rurais isoladas até as comunidades metropolitanas.

Em minha tese de doutorado, em 1983, e, especialmente, a partir de 1985, postulei a conveniência de tratar o português brasileiro ao longo de um contínuo (ou gradiente) dialetal cujas extremidades seriam, de um lado, os vernáculos rurais isolados e, de outro, a variedade urbana padrão de maior prestígio. Nesse contínuo, adjacente aos vernáculos rurais, foram situadas as variedades "rurbanas".

A esse contínuo, acrescentei dois outros: de oralidade e letramento e de monitoração estilística nos estudos seguintes. O modelo analítico, posteriormente, passou a incluir também um contínuo de acesso à internet (Bortoni-Ricardo, 2021: 49 ss.), resultando então no seguinte esquema que vou passar a discutir:[2]

1. Contínuo de urbanização;
2. Contínuo de oralidade e letramento;
3. Contínuo de monitoração estilística;
4. Contínuo de acesso à internet.

Denominei **contínuo de urbanização** uma linha imaginária que vai dos falares rurais e regionais mais remotos até o português cosmopolita das grandes metrópoles. Cada indivíduo poderá situar-se nesse contínuo, levando em conta a região em que nasceu e cresceu, bem como sua mobilidade geográfica. Tal contínuo é especialmente útil para identificar uma zona "rurbana", na qual os indivíduos se situam na periferia das áreas urbanas, mas preservam traços de sua cultura rural (cf. Bortoni-Ricardo, 2011). Por outro lado, permite também identificar aqueles falantes nascidos e criados em áreas metropolitanas, o que se reflete em seu repertório linguístico.

É ainda nesse gradiente de urbanização que podemos fazer distinção entre traços linguísticos que definem uma estratificação abrupta dos traços que definem uma estratificação gradual. Os primeiros ocorrem ao longo dessa linha imaginária até determinado ponto e depois desaparecem, enquanto os segundos distribuem-se ao longo de todo o contínuo. Nem sempre é fácil fazer essa distinção, mas ela pode ser um ponto de partida no aprofundamento de análises que marcam a estratificação social. Os traços definidores de uma estratificação abrupta são também os que sofrem maior estigmatização. Já os traços graduais podem permear estilos que sejam mais monitorados pelos falantes ou aqueles que sejam empregados mais espontaneamente, sem planejamento prévio.

O segundo contínuo postulado em minhas análises refere-se a **eventos de oralidade e eventos de letramento**, esses últimos com a inclusão da língua escrita. Não há fronteiras rígidas entre eventos de oralidade e de letramento, mas pode-se identificar uma predominância de um tipo ou outro. Por exemplo, um político que está fazendo um discurso na tribuna da Câmara dos Deputados pode estar falando espontaneamente, mas ter um roteiro escrito.

Um evento de oralidade também pode conter minieventos de letramento. Um exemplo é um líder religioso que está fazendo sua prédica oralmente, na qual inclui várias passagens bíblicas que ele lê e comenta. A sala de aula é um domínio social em que se pode observar muito intensivamente a transição entre eventos de letramento e de oralidade.

Esses dois primeiros contínuos que comentei têm natureza estrutural, estática. O terceiro, de **monitoração estilística**, é dinâmico. O falante adere a uma maior monitoração estilística quando percebe que seu interlocutor tem a expectativa de que a interação seja conduzida de maneira mais formal. Podemos dizer então que a principal variável para a monitoração estilística é o interlocutor, mas também são relevantes o tema e o local da conversa.

O **quarto contínuo** torna-se produtivo à medida que os falantes têm acesso à web, ou seja, à rede de internet. Segundo a Pesquisa Nacional por Amostra de Domicílio Contínua (Pnad-C) de 2021,[3] 90% dos brasileiros têm acesso a essa rede, mas esse acesso varia em função das condições socioeconômicas, como também das exigências do trabalho e da vida social em geral. A facilidade de uso dos dispositivos digitais ainda varia muito entre faixas etárias, níveis socioeconômicos e outras variáveis estruturais. Os mais jovens são os usuários mais competentes e que melhor desfrutam das benesses que a rede oferece.

Vejamos a seguir como se estruturam as redes sociais e a influência que têm na comunicação humana.

REDES SOCIAIS

As gramáticas tradicionais do português brasileiro, elaboradas a partir do século XX, tiveram de evitar conceitos como "certo e errado" ou "norma padrão" e "variedades não padrão", pois a disciplina Linguística havia deixado claro que não se devia atribuir um caráter valorativo às diferentes manifestações de uma língua. Um grande avanço, a partir dessa época, foi distinguir uma abordagem diatópica, por exemplo o português da Angola, de Moçambique, do Brasil etc. Além de uma abordagem diastrática, referente ao uso da língua por grupos sociais de diferentes níveis de escolaridade e uma abordagem diafásica, ou seja, linguagem poética ou prosa (cf. Cunha, 1975). Não obstante, na prática de falar, escrever ou ensinar a nossa língua, a definição de conceitos como língua popular, ou até mesmo português brasileiro, pode tornar-se difícil de depreender ou operacionalizar.

A partir do final do ano de 1997, diante desses problemas de natureza terminológica, comecei a trabalhar um modo de classificação das variedades linguísticas brasileiras, o qual se vem mostrando produtivo. Em um salutar diálogo com Marcos Bagno (2000: 168), escrevi a esse respeito:

> Os estudos dialetológicos realizados no Brasil nas primeiras décadas deste século identificavam na ecologia linguística nacional diversas variedades, consideradas distintas entre si, a que atribuíam denominações de "português culto", "português popular", "português dialetal" etc. Essas classificações padeciam de dois problemas principais: não se reconheciam as características comuns às diversas variedades, e misturavam-se critérios analíticos, não se fazendo distinção entre variedades regionais, socioletais ou até mesmo funcionais. Ademais, não se levavam em conta as características distintas das modalidades oral e escrita e dos gêneros discursivos. (Bagno, 2000: 168)

A descrição do português falado no Brasil (cf. Castilho, 1990), como em outros países de urbanização mais recente, tinha ainda de levar em conta a questão da mobilidade rural-urbana, fenômeno complexo que implica as seguintes variáveis:

1. grau de escolaridade;
2. categoria de trabalho;
3. mobilidade espacial;
4. participação em eventos urbanos;
5. exposição à mídia;
6. informação política;
7. ambiente em que os vínculos de amizade são contraídos (cf. Bortoni-Ricardo, 1985).

Comecei a lista por **grau de escolaridade** porque em nosso país essa variável é mais útil na hierarquização de classes sociais que outras. O simples diálogo com qualquer pessoa nos permite perceber com razoável certeza o seu grau de escolaridade. É imperioso lembrarmo-nos sempre de que a estratificação social guarda muita proximidade entre grau de escolaridade e estamento social.

Isso nos conduz à segunda variável ou fator: **categoria de trabalho**. Ela nos é útil para fazer a distinção entre trabalho basicamente manual, que requeira pouca escolaridade, e o trabalho intelectual, nesse último caso, fazendo a distinção entre carreiras que exigem apenas o Ensino Médio e carreiras que exigem um curso superior. Nas últimas, há que se considerar também a possibilidade de pós-graduação no sentido lato (especialização e aperfeiçoamento) e estrito (mestrado e doutorado) que se difundiu no Brasil a partir do Parecer n° 977/65 de 03 de dezembro de 1965, relatado pelo professor Newton Sucupira [1920-2007].

O terceiro fator, **mobilidade espacial**, pode ser operacionalizado em função das distâncias percorridas. Em um trabalho de uma comunidade urbana, a mobilidade espacial será a frequência do deslocamento do grupo estudado para bairros ou cidades próximas. Em um trabalho de Macrossociolinguística, pode-se considerar nesse fator as viagens a outros estados ou a outros países.

Em Bortoni-Ricardo (1985), quando trabalhei com uma comunidade de migrantes de origem rural radicados no entorno de Brasília, a participação em **eventos urbanos** me foi muito útil para identificar as características de sua cultura urbana: fiz uma diferença entre eventos culturais locais e não locais. Uma categoria que poderá ser inclusa nesse item são os hábitos de cultura, como a frequência a cinemas, teatros, excursões, passeatas etc. Antes de prosseguir, cabe dizer que a frequência a cultos religiosos, em alguns grupos sociais, tem importância capital nesse caso.

O item seguinte, **exposição à mídia**, pode complementar a variável "participação em eventos urbanos". A TV e o rádio (esse em menor proporção) são também de grande relevância na difusão da cultura urbana. As novelas de televisão, quase sempre ambientadas em grandes metrópoles, como Rio de Janeiro e São Paulo, são um vetor difusionista da cultura urbana. Há que se considerar, finalmente, o papel da internet a partir da década de 1990. A propósito, a Pnad Contínua 2018 informa que "os dados, que se referem aos três últimos meses de 2018, mostram que o percentual de brasileiros com acesso à internet aumentou no país de 2017 para 2018, passando de 69,8% para 74,7%, mas que 25,3% ainda estão sem acesso. Em áreas rurais, o índice de pessoas sem acesso é ainda maior que nas cidades e chega a 53,5%. Em áreas urbanas é 20,6%" (Tokarnia, 2020).

Com relação à audiência de novelas, Naro e Scherre (1991) observaram que, entre falantes de classe baixa residentes no Rio de Janeiro, os que demonstravam ter compreensão das tramas e subtramas das novelas eram também os que tinham mais facilidade na aquisição da regra de concordância verbo-nominal, conforme prevê a gramática. "Isto é tão claro que a maioria dos falantes com taxas mais altas de concordância eram os que assistiam às novelas e demonstravam entender realmente as cenas" (Naro; Scherre, 1991: 10).

A variável "**informação política**" pode ser aferida por perguntas relativas ao governo federal ou municipal, bem como com a participação em eleições e outras obrigações cívicas. A condição de Brasília como sede do governo parece favorecer a familiarização dos falantes com assuntos de política, mas isso é um tema que requer pesquisa específica.

O último item diz respeito a estudos de Microssociolinguística, em particular estudos de redes. Voltaremos a eles na sequência deste capítulo.

Considerando as limitações intrínsecas ao próprio tema e o alto grau de variação no português do Brasil, passei a trabalhar, na década de 1980, com uma metodologia de redes sociais (Bortoni-Ricardo, 1985).

A análise de redes pode ser descrita simplesmente como um estudo quantitativo e/ou qualitativo das relações sociais existentes em um grupo. "Guimarães (1970: 7) a define como uma estratégia de pesquisa na qual cada indivíduo no sistema é percebido pelo pesquisador e se percebe ou é levado a perceber-se como um elemento em um conjunto complexo de relações sociais" (Bortoni-Ricardo, 2011: 84). A tradição desse estudo emergiu na Psicologia Social e na Antropologia, naquela com pesquisa em pequenos grupos controlados e nessa em comunidades reais. Observe-se que a ênfase na questão básica sobre "quem se comunica com quem" já estava presente na obra pioneira de Leonard Bloomfield (1935). Gumperz (1972: 3) nos ensina que Bloomfield postulou um nível intermediário da comunicação entre fenômenos linguísticos e não linguísticos, tais como fatores sociopolíticos, econômicos e até geográficos, que só afetariam a linguagem na medida em que favorecem ou precludem o contato verbal entre as pessoas. Em outras palavras, a influência de tais variáveis não linguísticas vai ocorrer em função da matriz da rede social dos falantes.

A metodologia básica para o estudo de redes é a Sociometria, também referida como técnica de nomeação, que serve para aferir os contatos interpessoais e pode limitar-se a uma pergunta do tipo "quem são as três pessoas com quem você mais conversa fora de seu núcleo familiar?", questionamento que se complementa com informações sobre o local onde essas relações pessoais se processam (cf. Bortoni-Ricardo, 2011: 86 ss.).

Alguns linguistas do século XX partiram de uma visão antropológica de redes (cf. Barnes, 1954 e 1969) para o estudo de mudanças linguísticas. Destaca-se aí o estudo pioneiro de Leslie Milroy (1980). Esses estudos podem ser sintetizados no Diagrama 3.[4]

Diagrama 3 – Influência das redes sociais

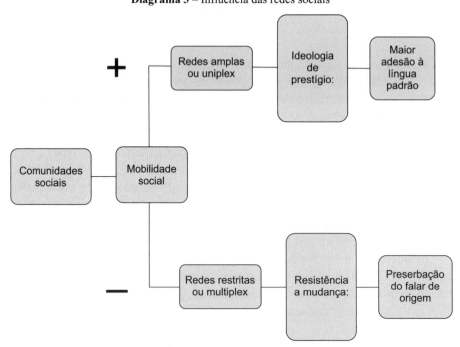

Fonte: Bortoni-Ricardo (2011).

Na metodologia que o Diagrama 3 sintetiza, a principal variável é a mobilidade social. Quando ela é ascendente, os indivíduos tendem a constituir redes amplas, recrutando seus conhecidos em vários ambientes sociais. É comum quando alguém não se lembra bem de outra pessoa fazer essa pergunta: "de onde mesmo que eu a conheço?". Nesse tipo de rede as pessoas tendem a relacionar-se em uma condição somente, como filhos, primos, avós, vizinhos e por isso as redes são chamadas uniplex. Em tal circunstância predomina uma ideologia de prestígio, que resulta em baixa estima de sua cultura original. Em seu repertório, verifica-se intensa capacidade de alternância de códigos. No caso de comunidade monolíngue, a alternância se dá entre um estilo coloquial espontâneo e um estilo formal planejado.

Vejamos um exemplo de rede social uniplex. Um jovem, quando ingressa na faculdade, amplia sua rede social. Mas a relação entre ele e o seu professor ou entre ele e um colega é quase sempre uniplex.

Por outro lado, no caso da mobilidade restrita, os indivíduos se acomodam em redes multiplex, isto é, os indivíduos se relacionam em várias capacidades. Por exemplo, como primos, vizinhos, compadres, frequentadores da mesma igreja. Nesse caso cresce a importância da etnicidade e a resistência aos valores sociais dominantes. Em termos linguísticos, o falar de origem[5] (pré-migratório) se preserva e funciona como um símbolo de identidade.

Um exemplo é o de um morador de uma comunidade de baixa renda. Sua rede social é restrita aos seus parentes e vizinhos, com os quais ele estabelece muitos vínculos, como, por exemplo, de amizade e compadrio (Mollica, 1994).

A partir do estudo de redes, voltamos nossos olhos para a questão dos estudos das avaliações de desempenho linguístico.

AVALIAÇÕES NACIONAIS E INTERNACIONAIS

Com o advento mais abrangente da língua escrita, surgiram também avaliações da língua em algumas etapas da escolarização, que são usados na comparação de escolas ou de sistemas locais e nacionais. Analisamos alguns deles a seguir.

PIRLS

Em de maio de 2023, tivemos notícia de que os alunos brasileiros de cerca de 10 anos, que cursam o 4º ano do Ensino Fundamental, continuam, de acordo com o Estudo Internacional de Progresso em Leitura (PIRLS) 2021,[6] atrás da média de alunos de praticamente todos os países desenvolvidos que fizeram a avaliação, até mesmo de países de Produto Interno Bruto (PIB) mais baixo, menor população e extensão territorial, como Macedônia do Norte, Montenegro e Uzbequistão.

A aplicação dos instrumentos do PIRLS no Brasil abrangeu uma amostra de escolas públicas e privadas de todo o território nacional, conforme diretrizes amostrais e critérios estatísticos estabelecidos pela IEA,[7] mantendo a padronização do estudo entre os diferentes países integrantes. Participaram da avaliação 4.941 estudantes do 4º ano do Ensino Fundamental de 187 escolas (públicas e privadas) de todas as regiões do Brasil, no período de 26 de novembro a 3 de dezembro de 2021. O PIRLS realiza aplicações em formato eletrônico e em papel, sendo que os países participantes podem optar pelo formato. No Brasil, os testes e questionários foram aplicados em papel. (Brasil, 2023a)

A avaliação da habilidade de leitura pelo PIRLS contempla dois eixos: textos literários e textos informativos, nos quais o Brasil alcançou média geral de 419 pontos, sendo que o país que lidera a escala – Singapura – obteve 587 pontos, e o último na escala, África do Sul, 288. Os resultados do Brasil foram inferiores aos de 58 países em um total de 65, e o país localizou-se no Nível Baixo da escala pedagógica, ou seja, os alunos foram capazes de encontrar e recuperar somente informações explícitas, compreendendo palavras, expressões ou frases, e de fazer inferências diretas sobre personagens nos textos literários ou sobre as causas de um fenômeno nos textos informativos. Note-se também a variação na performance dos estudantes brasileiros: 38% não dominavam as habilidades mais básicas;[8] 24% dominavam apenas as habilidades mais básicas; e somente 13% foram considerados proficientes. "Na Espanha e em Portugal, por exemplo, esse percentual atinge a marca de 36% e 35%", respectivamente (Inep, 2023a: 9). A Tabela 2 traz os resultados do Brasil:

Tabela 2 – Desempenho dos alunos brasileiros no PIRLS[9]

Níveis na escala	Rótulo da escala	N	População	%	EP
Abaixo de 400	Abaixo do básico	1.712	1.110,678	38,4	1,7
De 400 a abaixo de 475	Básico	1.162	691.384	23,8	1,0
De 475 a abaixo de 550	Intermediário	1.297	697.083	24,7	1,0
De 550 a abaixo de 625	Alto	640	309.514	11,00	0,8
De 625 ou acima	Avançado	129	57.816	2,1	0,2
Total		4.940	2.866.475	100	–

Fonte: Inep (2023a: 10).

A compreensão leitora é o grande problema que os nossos alunos apresentam. Eles somente compreenderam textos considerados de baixa complexidade (Faria, 2023). Diante disso, a imprensa se pergunta se os resultados poderiam ser consequência da pandemia de covid-19 no ensino. Examinando, com mais detalhe, entretanto, a distância entre os escores de alunos brasileiros e os dos alunos de países desenvolvidos, somos levados a concluir que o problema não é circunstancial, mas estrutural.

PISA

O Programa Internacional de Avaliação Estudantil (Pisa)[10] é mantido pela Organização para a Cooperação e Desenvolvimento Econômico (OCDE). Ele avalia a habilidade de alunos de 15 anos em leitura, matemática, ciências e em habilidades para enfrentar desafios da vida real em muitos países (OCDE, 2023).

Embora não seja membro da OCDE, o Brasil pode participar de Comitês da Organização e de inúmeras instâncias de trabalho. O país tem integrado as atividades da Organização e de seus órgãos técnicos, sobretudo dos comitês técnicos, reuniões de grupos de trabalho e seminários, com a presença de especialistas brasileiros (Brasil, 2022).

Os últimos resultados do Pisa de 2018[11] mostram que o Brasil tem baixa proficiência em leitura, matemática e ciências, comparado a outros 78 países participantes da avaliação. Em matemática, 68,1% dos alunos brasileiros não atingiram o nível básico que a OCDE considera necessário para o exercício pleno da cidadania. Em ciências, o escore brasileiro chegou a 55%, e em leitura, 50%, os mesmos índices obtidos desde 2009, o que é dois anos e meio abaixo dos países da OCDE.

Os resultados em leitura são especialmente preocupantes porque impedem que os alunos tenham progressos nas diferentes disciplinas e se habilitem para as exigências do mercado de trabalho.

Enquanto somente a metade dos alunos brasileiros atingiu o nível mínimo de proficiência esperado, esse índice de bom resultado, em países como a Finlândia, o Canadá e a Coreia, é de 85%. Quanto ao nível máximo de proficiência em leitura, apenas 0,2% dos alunos brasileiros o alcançaram.

A média nacional das escolas brasileiras coloca o Brasil na posição de número 60 dos 79 países avaliados (com média de 413 pontos). Há ainda uma grande discrepância entre as escolas públicas estaduais e municipais no Brasil (com 404 e 330 pontos, respectivamente) e as escolas particulares e federais, as quais estão acima da média da OCDE, com 510 e 503 pontos. Há que se observar também a grande discrepância entre as regiões brasileiras, conforme o Quadro 11:

Quadro 11 – Resultado do Pisa por regiões brasileiras

Região	Pontuação
Sul	432
Centro-Oeste	425
Sudeste	424
Norte	392
Nordeste	389

Fonte: Brasil (2019).

A metodologia empregada pela OCDE, desde 2009, compara, primeiramente, o desempenho de estudantes brasileiros com o dos outros países selecionados de acordo com os critérios explicitados na coluna "motivo" do Quadro 12. Em seguida, incluem-se variáveis independentes como região, dependências, localização da escola. O Quadro 12 mostra os resultados do Brasil comparados aos desses países.

Quadro 12 – Resultado do Brasil no Pisa (2018) comparado aos de outros países

PAÍSES ESCOLHIDOS	INTERVALO DE CLASSIFICAÇÃO EM LEITURA		PONTUAÇÃO	MOTIVO
Canadá	4	8	520	Por ter grande extensão territorial, assim como o Brasil, além de geralmente apresentar alto desempenho.
Finlândia	4	9	520	Um país europeu que geralmente apresenta alto desempenho.
Coreia	6	11	514	Um país asiático que geralmente apresenta alto desempenho.
Estados Unidos*	10	20	505	Por ter um sistema federativo e grande extensão territorial, assim como o Brasil.
Portugal*	20	26	492	Por sua proximidade cultural com o Brasil.
Brasil	55	59	413	–
Todos os países da América Latina – participantes que tiveram resultados válidos	Argentina: 60	66	418 (média)	Por sua proximidade regional e cultural com o Brasil.
	Chile: 42	44		
	Colômbia: 54	61		
	Peru: 61	66		
	Uruguai: 46	52		
Espanha	Resultados não publicados por "anomalias" identificadas pela OCDE.		–	Por sua proximidade cultural com o Brasil.

* Portugal e Estados Unidos: os dados não atingiram os critérios técnicos do Pisa, mas podem ser utilizados para comparação.

Fonte: Inep (2020: 67).

Ideb

O Índice de Desenvolvimento da Educação Básica (Ideb), criado em 2007, leva em consideração o fluxo escolar, obtido no Censo Escolar, e as médias do Sistema de Avaliação da Educação Básica (Saeb), que é constituído de fato de um conjunto de avaliações de larga escala.

O Saeb é realizado desde 1990, aplicado a cada dois anos, na rede pública e em amostras da rede privada. A partir de 2019, incorporou novas matrizes em conformidade com a Base Nacional Comum Curricular (BNCC) (Brasil, 2023b). Os seus resultados fornecem um retrato da qualidade do ensino e são utilizados para a elaboração de políticas educacionais por entes nas três esferas de governo: municipal, estadual e federal.

Conforme se pode ver no Gráfico 1, os resultados do Saeb em língua portuguesa apresentaram elevação no período de 2011 a 2017. Em 2019, mantiveram-se idênticos aos da edição anterior, em 2021 apresentaram queda de 7 pontos e em 2023 subiram 5 pontos.

Gráfico 1 – Evolução das proficiências médias no Saeb em língua portuguesa de 2011 a 2023

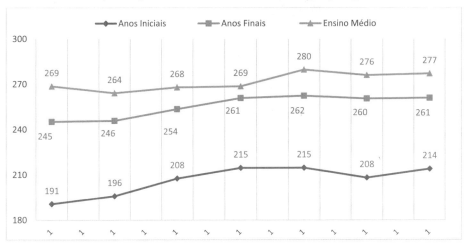

Fonte: Inep (2024).

A responsabilidade na coordenação do Censo Escolar cabe ao Instituto Nacional de Estudos e Pesquisas Educacionais Anísio Teixeira (Inep). Trata-se de uma pesquisa estatística feita anualmente, em colaboração com as Secretarias estaduais e municipais de Educação, com a participação obrigatória de todas as escolas públicas e privadas do Brasil, a qual abrange diversas etapas nas diferentes modalidades da Educação Básica e Profissional (Brasil, 2023c). A coleta de informações do Censo Escolar é declaratória e dividida em duas partes. A primeira volta-se para o levantamento de dados nos estabelecimentos de ensino: gestores, turmas, alunos e profissionais e é baseada em sala de aula. A segunda concerne ao rendimento escolar dos alunos, ao fluxo escolar, distorção idade-série, entre outros. Esses indicadores servem de referência para as metas do Plano Nacional de Educação (PNE), as quais podem ser acompanhadas no Observatório do PNE.[12]

De acordo com o Censo Escolar de 2023, havia no Brasil cerca de 47,3 milhões de alunos matriculados na Educação Básica, dos quais 37,9 milhões estavam na rede pública e os restantes 9,4 milhões, na rede privada. O Gráfico 2 indica o percentual de alunos na Educação Básica por dependência administrativa: municipal, estadual, federal e privada (Inep, 2024).

Gráfico 2 – Matrícula de alunos na Educação Básica por dependência administrativa

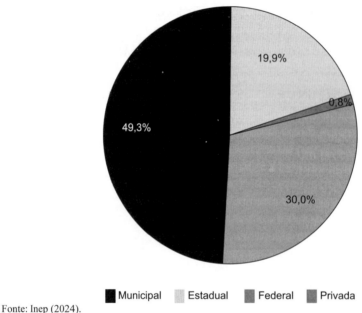

Fonte: Inep (2024).

O Gráfico 3 mostra distorção idade-série nesse nível.

Gráfico 3 – Distorção idade-série na Educação Básica

Ano/Série	Masculino	Feminino
1º ano EF	3,4%	2,8%
2º ano EF	5,6%	4,6%
3º ano EF	9,4%	7,1%
4º ano EF	11,0%	7,8%
5º ano EF	13,8%	9,1%
6º ano EF	19,2%	12,2%
7º ano EF	20,7%	13,6%
8º ano EF	21,4%	14,2%
9º ano EF	20,3%	13,5%
1ª série EM	26,4%	18,3%
2ª série EM	22,3%	16,1%
3ª série EM	18,0%	13,9%

Fonte: Inep (2024).

A Tabela 3 detalha esses dados, considerando-se as etapas da Educação Básica.

Tabela 3 – Taxa de rendimento escolar (2023)

	Reprovação	Abandono	Aprovação
Anos Iniciais	2,5%	0,3%	97,2%
Anos Finais	4,8%	1,2%	94%
Ensino Médio	5,3%	3,4%	91,3%

Fonte: Inep (2025).

A nota do Ideb é calculada com base na aprendizagem dos alunos: a soma das notas de português e matemática obtidas no Saeb é dividida por dois e depois multiplicada pela taxa de aprovação.

Nos Gráficos 4, 5 e 6, vamos comparar o resultado do Ideb de 2005 a 2023 com as metas.

Gráfico 4 – Ideb – Anos Iniciais – 2023

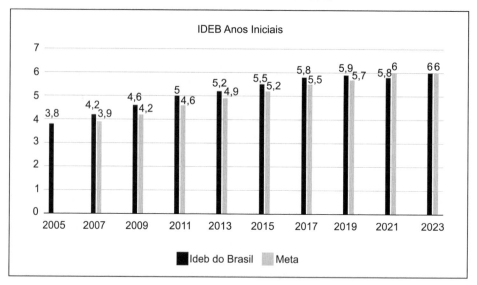

Fonte: Inep (2024).

Pode-se ver que entre os anos 2005 e 2019, os resultados obtidos no Ideb nos anos iniciais superavam as metas. Em 2021, houve uma reversão pois não se atingiu a meta, que voltou a ser alcançada em 2023.

Gráfico 5 – Ideb – Anos Finais – 2023

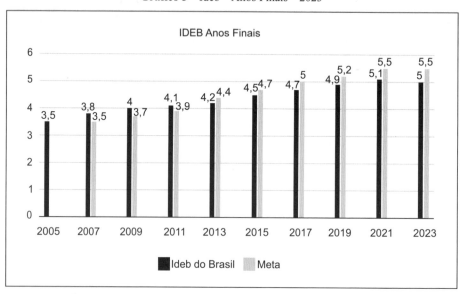

Fonte: Inep (2024).

Os resultados obtidos no Ideb superaram as metas previstas até 2011. Nos anos seguintes, até 2023, foram inferiores às metas postuladas.

Gráfico 6 – Ideb – Ensino Médio – 2023

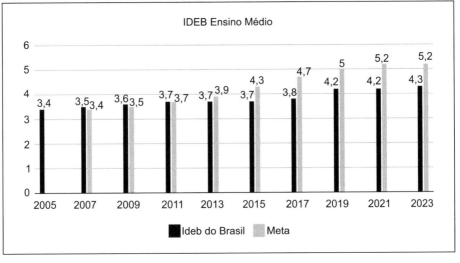

Fonte: Inep (2024).

Desde 2011, as metas propostas para o Ensino Médio não têm sido alcançadas, ficando os resultados muito aquém do previsto.

Os resultados aqui comentados nos mostram que a Educação Básica no Brasil precisa merecer políticas públicas sólidas e estruturadas, fundamentadas em pesquisas quantitativas e qualitativas, que abranjam vários segmentos educacionais e subgrupos etários, sociais e étnicos.

> Em resumo, este capítulo volta-se para o que tenho denominado Sociolinguística Educacional. Esse paradigma incorpora resultados de estudos sociolinguísticos quantitativos e qualitativos, enriquecendo-os com subsídios oriundos de áreas afins, como a Pragmática, a Linguística do Texto, a Linguística Aplicada e a Análise do Discurso (cf. Bortoni-Ricardo, 2014).
> Com base em estudiosos como Paulo Freire e Magda Soares, mostram-se as diferenças no desempenho educacional dos alunos entre segmentos e regiões do país. São apresentados autores e obras referentes ao problema da alfabetização.
> Para identificar a incongruência entre a cultura da escola e das crianças oriundas dos grupos iletrados, descrevem-se microanálises em quatro níveis: i) Etnografia de sala de aula; ii) descrição de estratégias verbais; iii) análises sociolinguísticas quantitativas das variedades nos referidos grupos; e iv) elaboração de currículos e materiais didáticos.
> Tudo se sintetiza na proposta da Pedagogia Culturalmente Sensível, influenciada, principalmente, por Frederick Erickson e William Labov. A proposta do primeiro é ilustrada com o Diagrama 2, indicativo dos elos entre dados e asserções, voltado para o problema de hipercorreções. Seguem-se descrições das metodologias para coleta e análise de dados, a saber: i) Nota de Campo; ii) Comentário de Entrevista; iii) Documento Local; e iv) Gravação Eletrônica.

O texto se detém em uma rápida revisão da Sociolinguística no Brasil, modelos e métodos, desde o seu início, apresentando seus principais estudiosos, entre eles Anthony Julius Naro.
Temos a seguir uma explanação sobre regra variável no seu nascedouro nos Estados Unidos e no seu *status* no Brasil, que se refere a diferentes hipóteses sobre o português brasileiro dialetal e aos principais centros dessa pesquisa em nosso país.
O capítulo ainda contempla minha proposta sobre metodologia dos contínuos: de urbanização; de oralidade e letramento; de monitoração estilística e de acesso à internet, bem como a tradição de redes sociais, como metodologia eficiente na análise de português brasileiro.
Alerta para diferentes variáveis intervenientes nessa análise: grau de escolaridade; categoria de trabalho; mobilidade espacial; participação em eventos urbanos; exposição à mídia; informação política; e ambiente em que os vínculos de amizade são contraídos.
A Sociometria, ou técnica de nomeação para o estudo de redes, é apresentada com menção aos seus principais teóricos, em especial Leslie Milroy.
Para deixar mais clara a influência das redes sociais na competência comunicativa, apresenta-se um quadro que inclui variáveis sociais, sociolinguísticas e psicolinguísticas, descrevendo-se seus componentes e apresentando-se exemplos.
Ao final, o capítulo se detém sobre avaliações nacionais e internacionais de desemprenho linguístico, como PIRLS, Pisa e o Ideb.

Notas

[1] Asserção é um enunciado em que o pesquisador postula sua expectativa sobre o resultado da pesquisa. Recomenda-se que a asserção não exceda a uma frase.
[2] Para uma descrição detalhada desses contínuos analíticos, ver Bortoni-Ricardo (2021) e Bagno (2017: 216 ss.) entre outros.
[3] Para mais informações, acesse: https://www.ibge.gov.br/.
[4] Para um estudo mais detalhado sobre a função de redes sociais na Sociolinguística, remeto para Bortoni-Ricardo (2011), cap. 4 e Bortoni-Ricardo (2021), Redes Sociais.
[5] No caso de migrantes de áreas rurais para áreas urbanas, o falar de origem é pré-migratório.
[6] Sigla em inglês para "Progress in International Reading Literacy Study" (PIRLS), que é conduzido pelo TIMSS & PIRLS International Study Center, Lynch School of Education and Human Development, Boston College, and International Association for the Evaluation of Educational Achievement (TIMSS & PIRLS Centro Internacional de Estudo, Escola Lynch de Educação e Desenvolvimento Humano, Boston College e Associação Internacional para Avaliação do Desempenho Educacional).
[7] International Association for the Evaluation of Educational Achievement – Associação Internacional para Avaliação do Desempenho Educacional (IEA).
[8] "Em 21 países, esse percentual de estudantes sem qualquer domínio sobre a compreensão leitora não passa de 5%, como Irlanda (2%), Finlândia (4%), Inglaterra (3%), Singapura (3%) e Espanha (5%), por exemplo" (Inep, 2023a: 9).
[9] EP: Erro-padrão. Mede a precisão da média da amostra em relação à média da população.
[10] Recomendamos aos leitores que busquem atualização desses dados na internet.
[11] Em 2022, houve uma nova aplicação do teste, mas os resultados brasileiros pouco variaram em relação à aplicação anterior (cf. disponível em: <https://www.gov.br/inep/pt-br/assuntos/noticias/acoes-internacionais/divulgados-os-resultados-do-pisa-2022. Acesso em: 12 abr. 2025).
[12] Disponível em: <https://www.observatoriodopne.org.br/>. Acesso em: 12 abr. 2025.

Sala de aula

A educação que é oferecida às crianças pobres no Brasil, na sua filosofia, currículos, material didático etc. – mas, certamente, não em recursos humanos e físicos – é orientada para a população infantil de classe média e média-alta. Dessa forma, as crianças pobres são confrontadas com dois problemas. O primeiro é fazer a transição da língua oral para a escrita; e o segundo, ajustar-se a uma cultura de elite que a escola reproduz. Essa dificuldade dupla torna mais difícil a alfabetização para os segmentos desfavorecidos da sociedade. Nos tópicos seguintes, retomamos essa questão, postulando tarefas mais específicas que desafiam os professores em sala de aula.

Nas línguas que têm sistemas de escrita, isto é, que não são ágrafas, pode-se recuar na sua história de modo a identificar a emergência desses sistemas, que são parte do processo de padronização do idioma. A ortografia do português, por exemplo, usa o alfabeto latino de 26 letras, sendo cinco vogais e 21 consoantes, se considerarmos as vogais nasais como uma vogal oral seguida de um arquifonema nasal (Mattoso Câmara, 1953). Uma análise alternativa é considerar sete vogais orais e cinco vogais nasais conforme será descrito no capítulo "Comentando a fonologia do português do Brasil".

A ortografia do português do Brasil, como nos ensinou Mattoso Câmara em diversos trabalhos, é razoavelmente fonêmica. Isso significa que não são muitos os problemas entre a produção dos sons da língua (fonemas) e as letras ou dígrafos que os representam (grafemas).

Essa constatação se torna fácil se compararmos, por exemplo, a ortografia e a pronúncia do português brasileiro com a de línguas como o inglês e o francês. No inglês, por exemplo, o ditongo /ai/, na maioria das palavras, é representado pela letra /i/ como em "*night*" ou "*bite*". O que se verifica na história da língua inglesa é que a ortografia foi convencionada no final do século XV e pouco alterou-se. Já a pronúncia contemporânea das palavras pode variar nas muitas comunidades de fala de língua inglesa.

Quando comparamos a história da ortografia do inglês com a história da ortografia do português, temos de levar em conta que, no primeiro caso, a ortografia vem sendo mantida sem alterações profundas, enquanto a ortografia do português passou por várias alterações previstas nos acordos ortográficos. Alguns desses acordos de iniciativa portuguesa não foram bem recebidos no Brasil. Por outro lado, quando o acordo era definido no Brasil, encontrava resistência em Portugal.

Entre os acordos, vamos mencionar os seguintes: i) Reforma Ortográfica de 1911; ii) Formulário Ortográfico de 1943; iii) Acordo Ortográfico de 1945; iv) Reforma Ortográfica de 1971; e v) Acordo Ortográfico de 1990. No Brasil, tiveram efeito as reformas de 1943 e 1971, e em Portugal, as de 1911, 1920, 1931, 1945 e 1973 (cf. Faraco, 2019).

O Acordo Ortográfico de 1990 foi celebrado no âmbito da CPLP e foi aprovado pela Academia das Ciências de Lisboa, pela ABL e por delegações de Angola, Cabo Verde, Guiné-Bissau, Moçambique e São Tomé e Príncipe, com a presença de delegação de observadores da Galiza. Foi assinado em Lisboa em dezembro de 1990, com um aditamento incluído em outubro de 1991, considerado parte integrante do Acordo.

A ortografia do inglês contemporâneo foi desenvolvida a partir do ano 1350. Depois de três séculos do domínio normando,[1] o inglês reconquistou o *status* de língua oficial, deslocando o francês dos normandos, incorporando, todavia, muitas palavras de origem latina presentes no francês. Essa ortografia apresenta alguma variação na Grã-Bretanha e antigas colônias, como os Estados Unidos da América, Canadá, Austrália e outras, mas tais diferenças não são de grande monta.

No caso do português, como vimos, a ortografia sofreu alterações desde a fundação de Portugal em 1143, ao longo de 12 séculos. Ainda assim há problemas na representação ortográfica de palavras, que discutiremos na sequência deste capítulo.

Vale relembrar que a maior parte da população brasileira tem o português como língua materna, que também é a língua oficial no país. Segundo o Censo do IBGE de 2010, há 305 etnias indígenas no Brasil, que falam 274 línguas diferentes. Há ainda resquícios do alemão (Hunscrückisch, um alto dialeto alemão), na região Sul, e do italiano (de origem vêneta), especialmente nos estados do Sul e no Espírito Santo.

É possível que, no século XVI, quando os portugueses chegaram ao nosso país, os aborígenes falassem mais de mil línguas. Estima-se que hoje elas estejam reduzidas a cerca de 274. Estamos usando o verbo "estimar" porque não existem descrições exatas e algumas dessas línguas, consideradas distintas, podem ser dialetos de uma mesma língua. Dessas mais de duas centenas de línguas, "apenas 24, ou 13%, têm mais de mil falantes; 108 línguas, ou 60%, têm entre cem e mil falantes; enquanto 50 línguas, ou 27%, têm menos de 100 falantes, e metade dessas, ou 13%, têm menos de 50 falantes, o que mostra que grande parte desses idiomas estão em sério risco de extinção" (Línguas do Brasil, 2021).

Há, contudo, que se referir a áreas do território brasileiro onde a incidência de multilinguismo é mais relevante. Estamos falando do estado do Amapá e do extremo oeste do país, que faz fronteira com países de fala espanhola, bem como da situação linguística da Ilha do Bananal.

No estado do Amapá, a população indígena se declara pertencente a cinco etnias. São faladas ali línguas indígenas endógenas, bem como o crioulo karipuna ou patuá. Ainda de acordo com o IBGE, 68% dos indígenas amapaenses, acima de 5 anos, falam a língua portuguesa. Segundo Silva (2001) apud Braggio (1992), nas regiões Norte e Centro-Oeste do Brasil "são bilíngues, isto é, falam a língua materna e o português, em graus e modos variados, os seguintes grupos: karajá e javaé, que fazem parte da família linguística karajá, e os xerente, apinajé e krahô, que integram a família linguística jê" (Silva, 2001: 26).

Há também comunidades trilíngues, como os avá-canoeiro e os javaé, que se localizam no município de Formoso do Araguaia no Tocantins. Esse último grupo fala uma língua tupi-guarani, o javaé da família karajá do tronco macro-jê, e a língua portuguesa (cf. Silva, 2001: 26). Interessantemente, os grupos que adotam o português como língua materna se autodenominam tapuia, como nos ensinam as pesquisadoras citadas.

TAREFAS DA SOCIOLINGUÍSTICA NO BRASIL

São muitas as tarefas sociolinguísticas que se apresentam para os professores de Língua Portuguesa e das disciplinas afins no Ensino Básico. Tive a oportunidade de tratar delas em duas ocasiões. A primeira, em parceria com Veruska Ribeiro Machado e Salete Flôres Castanheira (2010), quando ainda doutorandas, em que focalizamos habilidades e conhecimentos do professor de Educação Infantil e Educação Fundamental (primeiro ao nono ano) e Ensino Médio. A segunda, quando escrevi o *Manual de sociolinguística* (2014). Vou retomar agora essa temática, procurando enfatizar as dimensões sociolinguísticas dos problemas arrolados e sobrelevando as questões ortográficas de variação e mudança.

Nos próximos parágrafos, vamos focalizar, particularmente, comunidades monolíngues em português. No entanto os leitores que sejam professores, em comunidades brasileiras bilíngues ou multilíngues, deverão fazer os ajustes necessários, além de buscar as fontes aqui mencionadas.

Na discussão das matrizes, estamo-nos valendo das pesquisas de Castanheira (2007) e Machado (2010), além de Bortoni-Ricardo, Machado e Castanheira (2010).

A discussão a seguir, na Matriz 3, é meramente sugestiva, podendo ser alterada pelos professores de acordo com os gêneros textuais e a maturidade dos alunos.

Matriz 3 – Matrizes de referência

Matrizes de referência para formação e trabalho do professor como agente de letramento	
Competências e habilidades[2] 1º ao 5º ano	1. Facilitar a integração entre o conhecimento de língua oral que os alunos já detêm e as competências de leitura, escrita e oralidade que vão adquirindo.
	2. Identificar a transição entre modos de falar para modos de escrever e ler.
	3. Construir matrizes para avaliação da leitura.
	4. Promover atividades pedagógicas que contribuem para o desenvolvimento linguístico, afetivo e social do aluno.
	5. Organizar o tempo pedagógico.
	6. Elaborar jogos e brincadeiras.
	7. Avaliar os livros didáticos disponíveis no mercado para cada série escolar.

	8. Refletir sobre convenções da língua escrita, tais como pontuação, hipossegmentação e hipersegmentação, levando em conta os vocábulos fonológicos[3] e grupos de força. 9. Identificar hipóteses heurísticas que os alunos realizam baseados na sua linguagem oral.
Habilidades de leitura 6º ao 9º ano	**a) referentes à forma do texto** 1. Comparar textos. 2. Integrar várias partes do texto. 3. Integrar notas com o texto principal. 4. Avaliar como o autor inicia e como finaliza um texto. 5. Avaliar a pertinência das seções de um texto. 6. Entender a função de elementos de textos não contínuos (diagrama, gráficos, tabelas). **b) referentes ao conteúdo e à recuperação de informação** 1. Trabalhar textos informativos contínuos e não contínuos e relacionar informações dentro do mesmo texto ou entre textos afins. 2. Reconhecer o cenário de uma história. 3. Reconhecer a ideia principal de um texto. 4. Distinguir a ideia principal das ideias secundárias. 5. Contrastar informações fornecidas no texto com a visão pessoal de mundo do leitor. 6. Elaborar uma hipótese que seja coerente com informações fornecidas por um texto. **c) referentes à interpretação e compreensão** 1. Inferir um ponto de vista distinguindo fatos de opiniões. 2. Identificar a intenção do autor. 3. Deduzir o significado do título. 4. Emitir opinião sobre as atitudes e motivações de um personagem. 5. Inferir a relação temporal em uma sequência de fatos. 6. Associar informações e chegar a conclusões. 7. Justificar o seu próprio ponto de vista.

Fonte: Bortoni-Ricardo; Machado; Castanheira (2010).

Na sequência, vamos apresentar ainda tarefas de natureza educacional, como a construção de andaimes[4] e de estratégias de mediação durante a leitura, que são ações pedagógicas voltadas a facilitar a compreensão dos alunos. Nessa construção é importante identificar os conhecimentos enciclopédicos que os alunos detêm e que lhes vão permitir dialogar com o texto:

1. Identificar no repertório dos alunos as regras variáveis mais frequentes, distinguindo as que têm caráter regional das que são idiossincráticas. Em uma escola rural na região de São Paulo, Minas Gerais e Goiás, a vocalização do fonema /ʎ/, grafado "lh", tem caráter regional, como nas palavras "milho" > /mio/ e "mulher" > /muié/. Em outras regiões, a regra poderá ser idiossincrática, isto é, estará presente somente no repertório de algum/alguns alunos como uma dificuldade articulatória.

2. Trabalhar em sala de aula os mecanismos de coesão frásica na língua oral e escrita, tais como: a) topicalização do sujeito; b) uso dos verbos "haver" e "fazer" impessoais e c) regras variáveis de regência verbal, de concordância nominal e verbal, de interrogação e uso de relativas. Veja exemplos no Quadro 13:

Quadro 13 – Mecanismos de coesão frásica

Topicalização do sujeito	Uso dos verbos "haver" e "fazer" impessoais	Regra variável de regência verbal	Regra variável de concordância nominal	Regras variável de concordância verbal	Regra variável de interrogação	Regras variáveis de uso de relativas
"Os alunos... Não sei quais alunos foram vacinados."	"Faz cinco anos que não a vejo."	"A missa foi assistida por poucas pessoas."	"Esse remédio não mata os inseto daqui."	"Eles não foi junto com nós."	"Cadê eles?"	"A fazenda que eu nasci lá nela."
"Os anjos... Todos os anjos louvem a Deus."	"Haverá comemorações depois da aula."	"Deixa-me ver." > "dexovê"*	"Não sei quais indício apresentar."	"Esses vários critérios responderá pela rejeição."	"Cumé que eu vou lá?"	"Quem era essa sua namorada aí que você morou junto."

Fonte: a própria autora.

3. Trabalhar a neutralização dos pronomes sujeito e objeto de terceira pessoa, bem como a construção de cadeias anafóricas.
   Neutralização dos pronomes: "A polícia encontrou ela na floresta".
   Cadeias anafóricas: "Foram encontrados ratos no hospital. Os ratos foi entregue no laboratório".
4. Enfatizar as ações pedagógicas com o tema "História de vida". Por exemplo, levar para a sala de aula o personagem Chico Bento, de Mauricio de Sousa, cuja vida se assemelha à dos alunos na escola rural.

Tendo visto essas matrizes com sugestões para o trabalho pedagógico no Ensino Fundamental, passamos agora a sistematizar o conceito de competência comunicativa.

AQUISIÇÃO DA COMPETÊNCIA COMUNICATIVA NA SALA DE AULA

Uma questão básica para se trabalhar com a Sociolinguística Educacional diz respeito à aquisição da fala, mais propriamente, à aquisição da competência comunicativa. Trata-se da capacidade que o indivíduo tem de produzir enunciados com sentido, em sua língua, ajustando-os ao interlocutor e à situação de fala. É a competência comunicativa que habilita os falantes a formar sentenças adequadas na língua, levando em conta as normas sociais e culturais que definem tal adequação em qualquer episódio comunicativo (cf. Goodenough, 1965; Hymes, 1974; Bortoni-Ricardo, 2008).

Começo esta tarefa retomando um personagem que me fascina e que me ensinou muito sobre os modos de falar no Brasil. Estou-me referindo ao Chico Bento, personagem de Mauricio de Sousa. Vejamos esse diálogo entre dois alunos, que estão iniciando o Ensino Fundamental, depois de ouvirem a conversa entre Chico Bento e o seu amigo Zé Lelé (Sousa, 2004; Bortoni-Ricardo, 2007: 8).

> A1: Eu quase num consegui entendê o que o Chico Bento falô, ele fala muito enrolado. Fala muito errado. Parece que ele ainda tá aprendeno a falá. Acho que tá sem dente.
> A2: Ele fala tudo errado mermo. Quando foi dizer "olha", falô "óia".
> A3: Eu acho que ele ainda é muito pequeno, tá aprendeno a falá agora.
> A4: É porque ele ainda não estuda. Quando ele for pa escola, ele vai aprendê a falá bem direitim.
> P: Vocês observaram onde o Chico mora?
> A5: Acho que ele mora numa chácara, porque tem uma floresta.
> A6: Ele usa ropa de festa junina, então ele é caipira, deve morá na roça.
> A7: É, se ele morasse na cidade ingual nós, ele usava ropa normal, ingual a nossa.
> A8: É, ele usa chapéu de paia, deve morá em fazenda. O pai dele deve sê casero.
> A9: Agora entendi, ele fala assim, porque ele mora na roça. Eu tenho um tio que tem um amigo que mora na roça e ele fala parecido o Chico.
> P: Então vocês acham que a forma de falar de quem mora na roça é diferente da forma de falar de quem mora na cidade?
> A10: Claro, na roça fala diferente da cidade, eles não têm escola.
> P: Mas vocês conseguiram entender a conversa do Chico com o Zé Lelé no filme? Conseguiram entender a história?
> A11: Sim, até posso contá.
> P: Então o que há de diferente entre a fala do Chico e a fala de vocês?
> A12: Agora eu tô pensano, a diferença é porque ele mora na roça, fala igual as pessoa de lá e nós moramo aqui na cidade, falamo igual às pessoa da cidade.
> A13: Cada pessoa fala de um jeito, se mora na cidade fala do jeito do povo da cidade, se mora na roça fala do jeito do povo da roça.
> P: As pessoas da cidade conseguem entender o que as pessoas da roça querem dizer ao falarem? E as pessoas da roça conseguem entender as pessoas da cidade?

A14: Consegue, na minha família tem pessoas que mora em chácara e a gente consegue entender o que eles falam e eles também consegue entender o que nós fala.
P: Então existe jeito "certo" ou "errado" de falar?
A15: Não, cada pessoa fala do seu jeito.

Muito interessante o diálogo da professora com os alunos, os quais residem em área urbana. Observe-se que essas crianças de primeira série já são capazes de perceber as diferenças entre a vida no campo e a vida na cidade, embora seu entendimento sobre a vida em área rural seja baseado em estereótipos. A experiência que os alunos têm com zona rural advém de visitas a chácaras e de festas juninas. Veja-se ainda: i) a percepção que têm de diferenças entre modos de falar, ou seja, da variação na língua; ii) a condução do diálogo pela professora, o qual permitiu que os alunos criassem várias hipóteses: Chico Bento "fala enrolado"; "está aprendendo a falar"; "não estuda"; e iii) a associação que fazem entre a escola e o "falar bem". A avaliação do personagem, ao início muito desabonadora sobre "a roça", evolui incorporando pressupostos do relativismo cultural.

Conforme já vimos, o relativismo cultural, postura adotada nas Ciências Sociais, inclusive na Linguística, postula que uma manifestação de cultura prestigiada na sociedade não é intrinsecamente superior a outras. Por exemplo: a variedade da língua portuguesa empregada na escrita ou na fala de pessoas letradas, quando estão atentas aos seus modos de falar, não é estruturalmente superior às variedades usadas por pessoas de pouca escolaridade, excetuando-se, talvez, o quantitativo lexical e atribuindo-se a cada uma dessas variedades uma descrição morfossintática e fonológica. Dessa forma, o relativismo cultural se opõe a mitos que perduram há muito tempo em nossa sociedade (Bortoni-Ricardo, 2007: 9).

Pesquisas sobre percepção de diferenças dialetais mostram que crianças de cinco a seis anos são capazes de distinguir seus próprios modos de falar de modos que lhes são estranhos. Essa percepção aumenta gradualmente (cf. Wagner, Clopper, Pate, 2013).

A inteligibilidade é uma questão complexa. No caso brasileiro, os falantes com pouco contato com a cultura de letramento podem ter dificuldade para entender um discurso próprio dessa cultura. Observe-se que a cultura de letramento subsume práticas sociais nas quais a escrita e a leitura são empregadas. Por exemplo, indivíduos lendo, escrevendo ou rememorando textos lidos anteriormente.

No trabalho escolar essa dificuldade potencial tem de ser considerada porque pode representar um entrave para a inclusão social da população privada desses conhecimentos. Pode ainda ser fonte de um sentimento de insegurança linguística.

Quando a professora e os alunos argumentam que não há dificuldade de compreensão entre falantes de *background* rural e urbano, têm em mente que não existe total falta de inteligibilidade, como pode existir entre falantes de certos dialetos na

Europa, Ásia ou África. Em países com grande quantidade de línguas e dialetos, a comunicação entre falantes de dialetos diferentes costuma ser difícil.

Em trabalhos meus sobre ortografia, voltados, principalmente, para alfabetizadores (Bortoni-Ricardo, 2004b e 2004c), propus que fosse feita uma distinção funcional entre erros de ortografia resultantes da interferência dos traços de oralidade e erros que podem ser explicados por ser a ortografia um sistema de convenções, cujo aprendizado é lento e decorre do contato que o leitor tem com a língua escrita nos diversos suportes: livros e texto impressos e digitais, *outdoors* ou outros portadores de texto.

Como o português é a língua materna da maioria dos brasileiros, eles têm bom domínio da língua oral nas tarefas comunicativas mais usuais, que nem chegam a ser objeto do trabalho escolar. No entanto a reflexão sobre a língua tem de ser uma preocupação precípua da escola, particularmente quando os alunos começam a ser expostos à língua escrita.

No Diagrama 4, ilustro essa distinção que aprofundaremos no capítulo "Comentando a fonologia do português do Brasil", que trata dos fonemas segmentais e suprassegmentais do português na norma brasileira.

Diagrama 4 – Análise dos problemas ortográficos

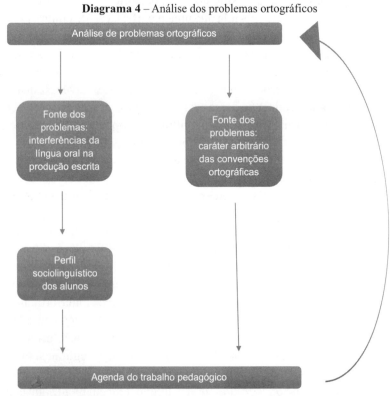

Fonte: Bortoni-Ricardo (2006: 268).

Os professores alfabetizadores têm, em primeiro lugar, de aprender a fazer a distinção ilustrada no Diagrama 4, que passaremos a discutir. Na sequência escrita "o que eu quero se quando crece e um contado ingual meu pai" vemos que o aluno omitiu o morfema {-r} do infinitivo nas duas formas verbais e também no substantivo "contador", onde ele aparece indicando profissão ou tarefa. Interessante a forma usada para a palavra "igual" (ingual). Na evolução da língua, as sílabas iniciais (i-) e (in-) muitas vezes se confundiam. É o que ainda ocorre na palavra "identidade" > "indentidade". Já na palavra "crescer", não empregou o dígrafo (sc), que no português brasileiro não se distingue do fonema /s/ representado pelas letras "s", "c", "ç" em início de sílaba, como ocorre no português de Portugal (Bortoni-Ricardo, 2006: 269).

Com esse pequeno exemplo, já podemos perceber a etiologia de alguns problemas ortográficos. Se problemas como esses forem identificáveis pelos alfabetizadores, será mais fácil para eles desenvolverem exercícios. Vamos ampliar a discussão, refletindo sobre o texto de uma aluna que está aprendendo a ler e a escrever (cf. Bortoni-Ricardo, 2006: 269).

> O Paiz[5]
> Meu sonho é ser feliz
> É conhecê novos lugares
> E conhecê o mundo
> Meu sonho é ter muintos mais amigos
> Meu sonho era que o mundo foce um paraizo
> Tudo moderno
> Mais tudo em paiz
> Cada um no seu lugá

No título da redação escolar, já se nos apresenta um problema: o fonema /s/ em final de sílaba (ou de palavra), cuja pronúncia varia geograficamente. No Rio de Janeiro, em Belém e outras localidades, inclusive em Portugal, esse fonema não é sibilante, mas sim chiante. Em grande parte do Brasil, ele é sibilante.[6] Além disso, quando constitui um hiato com a vogal anterior, essa pronúncia é marcada com um acento agudo, por exemplo "Luís", o qual não ocorre quando a sílaba é fechada pela letra "z": "Luiz". Essa peculiaridade deve ser trazida à consideração dos alunos.

A aluna não empregou o morfema {-r} no infinitivo verbal "conhecer", que é uma palavra trissilábica, e no substantivo "lugar", que é dissilábica. Mas o morfema apareceu nos monossílabos "ser" e "ter".

Em "muintos" a nasalização do ditongo explica-se por influência da consoante nasal anterior.[7] A grafia empregada reflete a pronúncia.

Na forma verbal do imperfeito do subjuntivo "fosse", temos novamente o fonema /s/, desta vez, em uma sílaba interna, o que consigna as dificuldades com as múltiplas representações desse fonema, dispostas no Quadro 14 a seguir:

Quadro 14 – Fonema /s/

Formas ortográficas		Exemplos
letra	"s"	sal
letra	"c"	cebola
letra	"ç"	paçoca
letra	"x"	auxílio
dígrafo	"ss"	isso
dígrafo	"sc"	nascer
dígrafo	"xc"	exceto
dígrafo	"sç"	desço

Fonte: a própria autora.

A dificuldade com esse fonema é acrescida pelo fato de que a letra "s" representa também o fonema /z/ em alguns contextos: "casa", "casulo" e "paraíso", como no texto da aluna [paraizo].

A conjunção adversativa "mas" [mais], assim como o substantivo "paz" [paiz], foram grafados pela aluna com o fenômeno de ditongação, na posição de final de sílaba. Nesse caso, pode ser realizado como sibilante ou como chiante nas diversas regiões.

A aluna escreveu "feliz" corretamente e fatos exitosos como esse devem ser enfatizados em sala de aula, sempre situando-os em um contexto.

A QUESTÃO DO ERRO GRAMATICAL

A sociedade brasileira dá muita ênfase à questão de erros gramaticais. Da perspectiva sociolinguística, o erro gramatical é tão somente uma inadequação da forma utilizada às expectativas do ouvinte. Como se constroem essas expectativas? Elas decorrem das imagens que os interlocutores fazem uns dos outros, dos papéis sociais que estejam desempenhando e das normas e crenças vigentes na comunidade (Bortoni-Ricardo, 2006).

> O erro na língua oral é, pois, um fato social. Ele não decorre da transgressão de um sistema de regras, da estrutura da língua e se explica, simplesmente, pela (in)adequação de certas formas a certos usos.[8] Por ser um fato social, só se corporifica quando a sociedade o percebe como um pecado no domínio das etiquetas sociais. A teoria sociolinguística substituiu a noção tradicional de erro pela noção de diferenças entre variedades ou entre estilos. Um erro, como fato social, ocorre quando o falante não encaixa uma determinada variante no contexto que é o seu *habitat* natural na ecologia sociolinguística de uma comunidade de fala. (Bortoni-Ricardo, 2006: 272)

Trata-se de uma postura culturalmente relativista, com a qual a Sociolinguística, desde seu início na década de 1960, propôs-se a combater o estigma associado a variantes de pouco prestígio social. É importante observar, também, ao tratar a questão do "erro", que esse conceito pode ser empregado para se fazer a distinção entre a fala e a escrita.

Na fala os conceitos de transgressão são um fato social, e os percebemos como maneiras competitivas de falar, por exemplo: "se ele vier" > "se ele vinher*" sendo a segunda associada a estigma na ecologia sociolinguística do português do Brasil, e a primeira, ao contrário, prestigiada. O estigma decorre de uma simples ruptura com uma etiqueta linguística.

Na língua escrita, o chamado "erro" tem outro *status*, pois representa a transgressão de um código convencionado e prescrito pela ortografia. Convém observar que a ortografia é um processo convencional, isto é, ao longo de um período, um grupo de estudiosos propõe uma convenção entre os sons (fonemas) da língua que usam e a sua representação ortográfica (grafemas). As ortografias são fixadas ao longo de anos e até séculos no processo de codificação linguística, conforme nos ensinam os professores Leonor Scliar-Cabral (2003) e Artur Gomes de Morais (2007).

Outros elementos considerados parte integrante da ortografia incluem o uso de hífen, de letras maiúsculas, de divisão silábica e vocabular, pontuação e tonicidade.

São de Artur Gomes de Morais (2007) as relevantes questões seguintes referentes à aquisição e memorização da ortografia, sobre as quais refletiremos a seguir:

i) Qual o nível de consciência que as crianças têm em relação à norma ortográfica da língua?

Jean-Philippe Rivière (2001: 124) define consciência fonológica como a capacidade de distinguir e manipular os sons constitutivos da língua. Antes da alfabetização, a consciência fonológica é ainda elementar, segundo o autor, mas à medida que a escolaridade progride essa consciência se desenvolve. Por isso os estudantes necessitam de orientação para perceber que as palavras são formadas por sílabas e fonemas (Carvalho, 2005).

ii) Que aspectos da ortografia os alunos dominam primeiro?

Segundo Morais (2010), seriam as grafias **regulares**, que podem ser previstas porque seguem um princípio gerativo. Elas podem ser: a) **diretas**, nas sílabas com as oclusivas /p/, /b/, /t/, /d/ e as fricativas planas /f/ e /v/, que não têm outra letra competindo com elas; b) **contextuais**, que é o que ocorre com o /r/, que é forte no início da palavra (rapaz) ou no começo de sílabas precedidas de consoante (genro). Quando a letra ocorre entre vogais, usa-se o dígrafo "rr" (carro); e c) **morfológico-gramaticais**, por exemplo a distinção entre nacionalidade (francesa, portuguesa) e substantivos derivados de adjetivos (certeza, pobreza) (Morais, 2010).

Veja-se também o encontro consonantal de oclusiva ou fricativa plana + o fonema /r/ brando, como em "grama", "crase", "tribo", "dígrafo", "crime" etc. Esse encontro consonantal pode resultar da neutralização de /r/ e /l/, à custa dessa última ("inclusive" > "incrusive") ou mesmo na supressão ("progresso" > "pogresso") (cf. Bortoni-Ricardo, 2021: 87 ss.).

O autor aponta também as ortografias **irregulares** que vão exigir a conferência em um dicionário ou guia ortográfico. Por exemplo, o arquifonema /S/ (salvo, cinema, auxílio); o fonema /j/ seguido de /i/ e de /e/ (girafa, jiló, geral, jeito); o fonema /z/ escrito com as letras "z" e "s" (zebra, casar); o fonema /x/ que se escreve em algumas palavras com a letra "x" e em outras com o dígrafo "ch" (xarope e chuva); a letra "h" em início de palavras (hora e ora, harpa e arca); o emprego das vogais /e/ e /i/ e de /o/ e /u/ em meio de palavras (segurar, trampolim); e ditongos reduzidos (faixa, ameixa, lavoura) (Morais, 2010).

iii) Quando se deve "cobrar" a ortografia das crianças?

A ortografia precisa ser ensinada desde o início da alfabetização, mas não deve ser priorizada em testes e avaliações. À medida que a escolaridade progride, os alunos vão tendo contato com palavras novas, cuja ortografia os professores devem destacar. Em suma: a ortografia deve ser ensinada juntamente às estruturas morfossintáticas da língua.

iv) O que o aprendiz pode compreender e o que ele tem de memorizar?

As regras regulares já referidas podem ser ensinadas usando-se pares mínimos (roupa-rouba), com ênfase na compreensão da regra; já as irregulares serão aprendidas em cada palavra.

v) Como o professor pode ser um mediador eficiente no aprendizado da norma ortográfica?

Toda incidência de palavra nova deve ser enfatizada pelo professor, que vai associá-la a outras palavras em que a mesma regra ortográfica incide. Não é correto pensar que a partir de determinado nível não se deve observar mais questões ortográficas. O aprendizado da ortografia tem momento de começar, mas nunca momento de acabar.

vi) Como trabalhar a pontuação?

A pontuação deve ser trabalhada sempre contextualmente, começando com exemplos do universo cultural dos estudantes desde as frases mais simples até os períodos compostos. Em todo texto apresentado ao aluno, ou por ele produzido, a professora deve mostrar os sinais de pontuação e chamar a atenção para a sua função no texto.

Em resumo, este capítulo mostrou que a educação no Brasil é orientada para as crianças de classe média e média-alta, obrigando as crianças pobres ao duplo esforço de fazer a transição da língua oral para a língua escrita e de ajustar-se a uma cultura estranha à sua. Retomou brevemente o histórico da ortografia da língua, com comentários baseados em Mattoso Câmara, comparando-a à de outras línguas modernas. Foram mencionados os acordos ortográficos entre países de língua portuguesa desde 1911, especialmente, o de 1990.

Foi também descrita, qualitativa e quantitativamente, a economia linguística do país de acordo com o IBGE, que estima sejam faladas 274 línguas no Brasil. Referiram-se também grupos étnicos bilíngues e trilíngues em nosso território.

Seguem-se alusões às tarefas que a Sociolinguística brasileira tem de cumprir, comentando-se 28 delas, distribuídas no Ensino Fundamental (1º ao 5º ano e 6º ao 9º ano).

Na sequência discutem-se tarefas educacionais, como construção de andaimes e de mediação em sala de aula e regras variáveis no repertório de alunos brasileiros.

Recupera-se a questão da competência comunicativa, ilustrada com o personagem Chico Bento. Discutem-se ainda estratégias de professores em sala de aula referentes à variação na língua.

É apresentado o conceito de relativismo cultural e enfatizada a necessidade de trazer à luz reflexões sobre a língua desde as séries iniciais.

Ao final, retoma-se a análise dos problemas ortográficos, identificando-se suas causas. O capítulo se fecha com 1) um manuscrito comentado de uma aluna da 3ª série do Ensino Fundamental; 2) representações do fonema /s/; 3) considerações sobre o erro gramatical na língua oral e na língua escrita; e 4) reflexão sobre questões ortográficas propostas por Artur Gomes de Morais.

Notas

[1] Os normandos são um povo germânico, derivado dos vikings, que se estabeleceu no noroeste da França por volta do século X d.C.

[2] Para uma visão mais completa das matrizes de leitura, ver Bortoni-Ricardo, Machado e Castanheira (2010).

[3] O vocábulo fonológico é uma sequência de palavras no interior do grupo de força pronunciadas sem pausa. Os alfabetizandos tendem a escrevê-los sem espaço entre as palavras. Também pode ocorrer a hipersegmentação no interior de um mesmo vocábulo fonológico. Ex.: "O paidela*"; "a ga linha*".

[4] O termo metafórico "andaimagem" ("*scaffolding*") foi introduzido por David Wood, Gail Ross e Jerome Bruner em um trabalho intitulado "O papel da tutoria na solução de problemas" ("The Role of Tutoring in Problem Solving").

[5] O texto foi produzido por uma aluna de 3ª série do Ensino Fundamental, de 9 anos, e coletado por Juliana Moreira Del Fiaco, do curso de Pedagogia da Universidade de Brasília (UnB).

[6] "Quanto à letra S latina, esta representava sempre em latim clássico uma sibilante surda, [s], pois não existia o [z] de 'trazer', a não ser em palavras de origem grega (a rigor, não era um [z], mas sim um [dz]). O S latino no meio de palavra é que evoluiu frequentemente para [z] na passagem para o português (mensa > mesa). Note-se que o atual [z] do português tem outras origens, por exemplo, em -C- e -TI- latinos: duodeci > *dodece (latim vulgar) > doze; sufixo -itia > -eza como em "clareza", "beleza", já criados em português (cf. suf. -eza e notas etimológicas de itens assim sufixados no Dicionário Houaiss)." (Rocha, 2013).

[7] Na região Nordeste brasileira, essa palavra pode ser pronunciada como /muntcho/.

[8] Por exemplo usar um tempo verbal onde caberia outro: "se eles fossem ontem" > "se eles forem ontem*".

Comentando a fonologia do português do Brasil

Neste capítulo, vamos revisitar a fonologia segmental do português, isto é, aquela que determina como consoantes e vogais são pronunciadas. A maioria de nossos exemplos é do português do Brasil, mas há algumas referências ao português europeu e de ex-colônias portuguesas.

Entre todos os sons que podem ser produzidos no sistema vocálico humano, cada língua seleciona aqueles que vão constituir o seu sistema fonológico. Podemos dizer que há no português 19 consoantes, 12 vogais e 2 semivogais, totalizando 33 fonemas, que se combinam em sílabas. Alguns autores não consideram nesse inventário as vogais nasais, tomando-as, como propôs Mattoso Câmara (1971), como variantes da respectiva vogal oral, seguida do arquifonema nasal /N/.[1]

PRECURSORES DA FONOLOGIA DO PORTUGUÊS

O filólogo português **Aniceto dos Reis Gonçalves Viana** [1840-1914] foi responsável por reformas ortográficas da língua em 1911 em Portugal, até então não adotadas no português. Em 1883 escreveu *Estudos de fonética portuguesa*, trabalho apurado de transcrição fonética, no qual distinguiu "vogais plenas" e "vogais reduzidas", que de fato são variantes condicionadas das vogais plenas, situadas em sílabas átonas. Em seu inventário de vogais, todas as vogais tônicas, exceto /ɛ/ e /ɔ/, têm alofones nasalizados, quando são seguidas de consoante nasal em sílaba contígua. As vogais altas /i/ e /u/, por sua vez, apresentam alofones não silábicos. Já as vogais átonas finais podem ocorrer como surdas, se seguidas de consoante surda.

O também português **José Leite de Vasconcelos** [1858-1941] foi outro precursor da fonologia moderna do português. Foi ele que observou que a redução do ditongo /ow/ para /o/ pode ter começado antes do século XIII, enquanto a redução do /ej/ para /e/ teria tido início em Portugal no final do século XVIII.

Vasconcelos em 1901 escreveu a obra *Esquisse d'une dialectologie portugaise*, na qual apontou, ainda, a regra de desnasalização das vogais como muito produtiva e ressaltou que as reduções dos ditongos nas regiões sulistas de Portugal eram condicionadas pelo ambiente fonético seguinte: as consoantes favorecendo a redução e as vogais e a pausa inibindo-a.

Ainda sobre os dialetos do sul de Portugal, ele observou uma tendência geral de se evitar as oxítonas e as proparoxítonas. Por exemplo: "sal", torna-se "sali" ou "sala", e as palavras terminadas em "ência" são pronunciadas com a terminação "ença".

Finalmente, no que se refere à vocalização da sequência do /ʎ/ intervocálico, Vasconcelos [1901-1970] apontou-a como um traço generalizado nos Açores e nos crioulos de base portuguesa. Quanto aos processos de redução que afetam as semivogais /y/ e /w/, fez uma observação bastante pioneira, reportando-se também aos dialetos sulistas em Portugal, as proparoxítonas reduzindo-se a paroxítonas: paciência > "paciença"; "tábua" > "tauba".

O alemão **Israël Salvator Révah** [1917-1973] apontou a distinção entre o /a/ e o /ɐ/. O /e/ final era realizado como /e/ até o término do século XVIII, quando a pronúncia do /ɐ/ se implantou. O autor admite, todavia, que a mudança de /o/ final para /u/ é um fenômeno mais antigo, iniciado no século XV (Bortoni-Ricardo, 2011: 45).

> Em resumo, a realização atual das vogais átonas finais no Brasil é vista por alguns pesquisadores como a preservação de um traço arcaico do português europeu, e por outros, como um fenômeno desenvolvido independentemente. Nesse segundo grupo, Naro (1971: 637) argumenta que o processo tem uma teleologia acústico-articulatória e deve ter ocorrido independentemente no Brasil, em Portugal e em outras regiões lusófonas. (Bortoni-Ricardo, 2011: 47)

FONOLOGIA SEGMENTAL: VOGAIS E CONSOANTES NO PORTUGUÊS DO BRASIL

Vogais

Vogais são fonemas que passam pelo trato oral – glote e boca – sem encontrar obstáculos. Elas podem também ser emitidas pelo nariz e, nesse caso, são vogais nasais.

As vogais do português brasileiro são as que aparecem no Quadro 15 em seguida:

Quadro 15 – Vogais do português

Orais		Nasais	
Símbolo	Exemplo	Símbolo	Exemplo
/a/	cabeça	/ã/	canto
/ɐ/	cabeça	/ɐ̃/	mandela
/ɛ/	fértil	–	–
/e/	medo	/ẽ/	remendo
/i/	caqui	/ĩ/	lindo
/o/	amor	/õ/	conto
/ɔ/	amora	–	–
/u/	angu	/ũ/	fundo

Fonte: a própria autora.

É importante observar que no português europeu também aparece a vogal anterior /ə/. Ocorre também um fonema central reduzido /ɐ/ em sílabas átonas finais, nas diversas variedades da língua.

Outra observação diz respeito às vogais tônicas nasalizadas diante de consoante nasal na sílaba seguinte no português brasileiro. Por exemplo "ano", "tenha" e "sonho". (cf. Mattoso Câmara, 1970: 42). Essas variantes nasalizadas não devem ser confundidas com as vogais nasais.

Por fim, não nos esqueçamos das semivogais (/y/ e /w/) que formam os ditongos em que a segunda vogal ocupa a posição de uma consoante, das quais falaremos ainda neste capítulo, no tópico "As sílabas no português", por exemplo: "sai", "nau". Forma também ditongos a consoante lateral /l/ em posição pós-vocálica com som de /u/, como em "sal" e "sol".

Convém referir a síntese que Mattoso Câmara nos transmitiu: "Há assim 7 vogais (partindo-se da posição tônica), que se reduzem a 5 (com uma variante posicional / ɐ̃ /) diante de consoante nasal na sílaba seguinte" (Mattoso Câmara Jr., 1970: 43). Nesse conjunto, vemos que o nosso mestre Mattoso Câmara não considerou a variante /ɐ/ átona e mais posterior que o /a/, nem as vogais nasais, que em sua teoria não se constituíam em fonemas, como já vimos.

Consoantes

As consoantes são fonemas vozeados, isto é, sua emissão se dá com a vibração das pregas vocais. São raras as consoantes surdas, que no português só vão aparecer em algumas sílabas átonas finais.

No português ocorrem 19 fonemas consonânticos. Diferentemente dos sons vocálicos, a emissão de uma consoante encontra um obstáculo em algum ponto do trato oral, que é denominado ponto de articulação.

No Quadro 16 a seguir, temos as consoantes do português separadas por modo e ponto de articulação.

Quadro 16 – Consoantes do português

Modo de articulação	Consoantes							Ponto de articulação
Oclusivas	/p/	/b/	/m/	/t/	/d/	/k/	/g/	- Labiais: /p/; /b/; /m/ - Dentais: /t/; /d/ - Velares: /k/; /g/
Fricativas	/f/	/v/	/s/	/z/	/x/	/j/		- Labiais: /f/; /v/ - Alveopalatais: /s/; /z/ - Velares: /x/; /j/
Laterais	/l/	/ʎ/						- Dental: /l/ - Alveopalatal: /ʎ/
Vibrantes	/r/	/rr/						- Alveopalatal: /r/ - Velar: /rr/
Nasais	/m/	/n/	/nh/					- Labial: /m/ - Dental: /n/ - Alveopalatal: /nh/

Fonte: Bortoni-Ricardo (2021: 85).

Além dessas é preciso mencionar as consoantes africadas /tʃ/ e /dʒ/, que são variantes posicionais dos fonemas /t/ e /d/ quando ocorrem diante da vogal /i/ como nas palavras:

/tʃ/: "ativo"
/dʒ/: "diário"

Quanto ao modo de articulação, temos uma oclusão completa nas chamadas oclusivas. Essa oclusão pode ocorrer em diversos pontos do trato oral, conforme se pode ver no Quadro 16 "Consoantes do português". Nas fricativas, há um ponto de articulação com fricção que pode ocorrer nos lábios, nos dentes, no palato ou no véu palatino.

Nas laterais o ar escapa pelas zonas laterais da língua. Nas vibrantes há um ponto da língua que vibra. E, finalmente, as nasais, em que o ar escapa também pelas fossas nasais.

Nas consoantes oclusivas e fricativas também se faz a distinção entre consoantes surdas (sem vibração das pregas vocais) e consoantes sonoras (com vibração dessas pregas ou cordas vocais). São consoantes surdas: /p/, /t/, /k/, /f/, /s/ e /x/. São sonoras: /b/, /d/, /g/, /v/, /z/, e /j/.

As demais (laterais, vibrantes e nasais) são sonoras.

AS SÍLABAS NO PORTUGUÊS

A sílaba é uma vogal ou uma sequência de fonemas consonânticos e vocálicos pronunciadas em uma única emissão de voz. Reconhecem-se na sílaba três fases ou momentos: o aclive (fase inicial), o ápice (fase mais proeminente) e o declive (fase final), sendo o ápice sempre uma vogal.

A maioria das sílabas do português são abertas, isto é, constituem-se, geralmente, de um ou dois fonemas no aclive e de um ápice vocálico, também chamado silábico. Todas as consoantes podem aparecer no aclive de uma sílaba. Podem ocorrer também duas consoantes nessa fase inicial da sílaba, sendo a segunda sempre /r/ ou /l/, que se combinam com as oclusivas /p/, /b/, /t/, /d/, /k/ e /g/ e as fricativas labiais /f/ e /v/. Por exemplo, "plano", "prato", "trave", "bloco" etc. Mas pode também ocorrer a sequência de uma oclusiva seguida de outra oclusiva como em "invicto", ou de uma fricativa, como em "psicologia". Nesses casos, Mattoso Câmara (1971) observa que a consoante inicial é seguida, na fala, por uma vogal [i] que forma, com a primeira consoante, uma sílaba separada. A tradição escolar prevê da seguinte forma a divisão silábica em palavras como essas: "in-vic-to", "téc-ni-ca", "psi-co-lo-gi-a", que não reflete o fundamento fonológico (cf. Mattoso Câmara, 1971: 28).

Observe-se ainda que algumas palavras, geralmente eruditas ou científicas, podem conter uma consoante oclusiva no declive da sílaba, por exemplo, "pacto", "opção". Novamente, a pronúncia inclui, após a primeira oclusiva, a vogal [i].

Resumindo, observamos que em português as sílabas podem ter as seguintes estruturas mostradas no Quadro 17:

Quadro 17 – Estrutura das sílabas em português[2]

–	V	CV	VC	CVC	CCV	CCVC
	Sílaba simples	Sílaba aberta	Sílaba sem o aclive	Sílaba com aclive e declive	Sílaba com duas consoantes no aclive	Sílaba com duas consoantes no aclive e uma no declive
Exemplo	"a"	"cá"	"ar"	"par"	"planta"	"transporte"

Fonte: Mattoso Câmara (1970 e 1971); Bortoni-Ricardo (2021).

Sílabas travadas são menos frequentes e quase sempre passam por um processo de perda da consoante no declive. Também as semivogais /y/ e /w/ podem fechar sílabas, constituindo um ditongo decrescente, que, igualmente, pode ser suprimido na pronúncia, em alguns contextos, como veremos no decorrer deste capítulo.

Ainda segundo Mattoso Câmara (1970), no Quadro 18 estão as consoantes que travam a sílaba em português:

Quadro 18 – Sílabas travada em português

-	V/z	V/r	V/l	V/y, V/w	V/[N]
	vogal seguida de /z/	vogal seguida de /r/	vogal seguida de /l/ ou /w/	vogal formando ditongos decrescentes	vogal seguida do arquifonema nasal ou vogais nasais
Exemplos	"paz", "faz"	"mar", "ter"	"sal", "sou"	"pai", "pau"	"pão", "mãe"

Fonte: Mattoso Câmara (1970); Bortoni-Ricardo (2021).

Há uma tendência bastante notável na língua de supressão das consoantes que ocorrem no declive silábico.

Uma observação geral e necessária é que as sílabas átonas, especialmente em posição pós-tônica, oferecem pouca resistência à redução e mudança e podem vir até a serem suprimidas.

Vejamos alguns processos que afetam as consoantes no português do Brasil. O primeiro e o mais produtivo é a preferência pela sílaba canônica "CV" (consoante/vogal). São vários os processos que operam na língua tornando sílabas fechadas em sílabas abertas CVC > CV, que passaremos a examinar.

1. desnasalização das vogais átonas finais;
2. a supressão de segmentos consonânticos na posição decrescente (ou declive) da sílaba (exemplo: "homem" > "homi"; "fizeram" > "fizeru");
3. redução de ditongos decrescentes
4. processos que afetam as consoantes líquidas /r/ e /l/ (cf. Bortoni-Ricardo, 2021: 87 ss.).

1. Desnasalização das vogais átonas finais:

A desnasalização das vogais átonas finais tem importante consequência morfológica na terceira pessoa plural dos verbos. Por exemplo, "eles conversam" > "eles conversa"; "os mosquitos nascem" > "os mosquito nasce".

De fato, até mesmo sílabas átonas pós-tônicas podem ser suprimidas, por exemplo: "disse que ele chegou" > "diz quel chegô" (Bortoni-Ricardo, 2021: 88).

Fenômeno relevante também é observado na redução de palavras proparoxítonas com perda de sílabas, por exemplo "bêbedo" > "bebo", "quilômetro" > "quilome".

2. A supressão de segmentos consonânticos na posição decrescente (ou declive) da sílaba:

Quando a sílaba é travada pelo fonema /z/ esse pode ser pronunciado como uma sibilante ou uma chiante. Em Brasília e em grande parte do interior do Brasil, ele é pronunciado como uma sibilante. No Rio de Janeiro, em Salvador, em Belém e em outras localidades, particularmente no litoral, esse fonema em declive de sílaba é chiante, como já vimos.

Convém relembrar que, na estrutura CCV, a segunda consoante é sempre uma líquida /r/ ou /l/, combinada com uma oclusiva /p/, /b/, /t/, /d/, /k/, /g/. Exemplo: "plus", "prata", "ortografia". A líquida pode ser combinada também com as fricativas labiais /f/ e /v/. Exemplo: "flamengo". Nesse caso elas podem se neutralizar na fala popular, como em "framengo*" ou ser suprimidas.

A vogal /u/, nessa posição, pode-se tornar assilábica depois das consoantes /k/ e /g/, formando um ditongo crescente. Exemplo: "qual". Em vista disso, Mattoso Câmara menciona a ocorrência de um tritongo em vogais assilábicas no aclive e no declive. Exemplo: "quais".

3. Redução de ditongos decrescentes:

A literatura técnica aponta que a redução do ditongo decrescente segue um percurso diacrônico como em "*alterum*" > "outro" > "otro", que pode ter-se iniciado antes do século XVIII. No português contemporâneo, a regra é muito produtiva.

Já a redução do ditongo /ey/ > /e/ é igualmente antiga, mas não é tão produtiva quanto no caso anterior, sendo condicionada pelo ambiente fonético seguinte: as consoantes a favorecem e as vogais e a pausa a inibem (cf. Vasconcelos, 1970 [1901]: 93). De fato, há grande variação na aplicação da regra. Exemplos: "Freire" (sem monotongação), "esteira" > "estera", "camareira" > "camarera", "queima" > "quema". Nesse e em outros exemplos, a variação pode decorrer da frequência da palavra, por isso parece haver influência da formalidade do ato de fala na redução do ditongo.

4. Processos que afetam as consoantes líquidas /r/ e /l/:

O /l/ pós-vocálico no Brasil neutraliza-se com o /w/ ("Brasil" > "Brasiu") e em variedades rurais pode-se transformar em /r/ ("sol" > "sor").

Com relação à consoante lateral palatal /ʎ/, observe-se que ela é vocalizada nas variedades rurais-rurbanas. Exemplo: "velho > /veiyo/", dando também origem a hipercorreções como "pior > pilhor".

A PRONÚNCIA DO PORTUGUÊS EUROPEU E BRASILEIRO

As línguas transplantadas, em especial as que foram levadas pelos colonizadores às colônias a partir do século XV, costumam ser mais conservadoras que em seus países de origem. No caso brasileiro, mudanças muito radicais que ocorreram no português europeu no século XVIII não vingaram na colônia. Essas mudanças implantaram um ritmo mais ligeiro, em *allegro*, no português europeu, que teve consequências, principalmente, na redução das sílabas pretônicas.

Para comparar a pronúncia do português europeu atual à pronúncia do português brasileiro, vamos fazer um pequeno exercício, tomando como exemplo um trecho do fado "Nem às paredes confesso"[3] cantado por Amália Rodrigues [1920 se 1999] e composto por Amália Rodrigues, Ferrer Trindade [1917-1999], Artur Ribeiro [1924-1982] e Maximiano de Sousa [1918-1980] em 1969.

Nem às paredes confesso
Não queiras gostar de mim
Sem que eu te peça
Nem me dês nada que ao fim
Eu não mereça
Vê se me deitas depois
Culpas no rosto [...]
(Amália Rodrigues et al., 1969)

Quadro 19 – Comparação da pronúncia do português de Lisboa e do português brasileiro de Brasília

Trecho da música	Pronúncia de Portugal na voz de Amália Rodrigues de Lisboa	Pronúncia do português do Brasil em Brasília (estilo formal)
Não queiras gostar de mim	não qu[ɐ]ira[ʃ] gustar d[ə] mim	não queiras gosta[ɾ] [dʒ]i mim
Sem que eu te peça	s[ɐ]im qu'eu t[ə] peça	sem qu'eu [tʃi] peça
Nem me dês nada que ao fim	nem m[ə] de[ʃ] nad[ɐ] qu[ə] ao fim	nem mi des nada qui ao fim
Eu não mereça	eu não m[ə][ɾ][e]sa	eu não mereça
Vê se me deitas depois	vê s[ə] m[ə] d[ɐ]ita[ʃ] d[ə] poi[ʃ]	ve si mi deitas depois
Culpas no rosto	[kˈ]u[ɫ]pa[ʃ] no ro[ʃ]tu	cuupas no rostu

Fonte: a própria autora.

No português europeu, temos um fonema vocálico central muito produtivo, o /ɐ/. Na transcrição da música, ele aparece em "qu[ɐ]ira[ʃ]", "s[ɐ]im", "d[ɐ]ita[ʃ]", no ditongo que no português brasileiro é /ey/.

Observe-se, ainda, com Mattoso Câmara (1970: 47 ss.), que o /e/ nasal que ocorre na preposição "sem" sempre é ditongado, por isso é um ditongo fonético.

Outra vogal produtiva no português europeu é a vogal anterior /ə/, que no texto ocorre em monossílabos átonos "d[ə]", "t[ə]", "m[ə]" e na palavra "m[ə]

[ɾ][e][s]a". No português brasileiro essa vogal média, nos monossílabos átonos, se transforma em uma vogal /i/ alta. Quanto às consoantes, observe-se que o /s/ pós-vocálico no final das palavras "qu[ɐ]ira[ʃ]", "de[ʃ]" ou no interior da palavra "ro[ʃ]tu" é ligeiramente palatalizado.

O /l/ pós-vocálico em Portugal é claramente pronunciado como lateral apical: "[kˈ]u[ɫ]pa[ʃ]". No Brasil esse /l/ é suprimido e assimilado pela vogal "u", que se torna mais longa: "cuupas".

Finalmente, como já vimos, temos de observar que no Brasil as consoantes /d/ e /t/ diante da vogal /i/ tornam-se africadas: "[dʒ]i" e "[tʃi]", a primeira sonora e a segunda surda.

Em resumo, neste capítulo, revisitamos a fonologia segmental do português: são 33 fonemas (19 consoantes, 12 vogais e duas semivogais).

Trouxemos os precursores da fonologia do português: i) Gonçalves Viana, pioneiro no tratamento das vogais plenas e reduzidas; ii) Leite de Vasconcelos, que tratou da regra de desnasalização das vogais e redução dos ditongos no sul de Portugal, bem como da tendência de se evitar as oxítonas e proparoxítonas. Tratou ainda da vocalização do /ʎ/ intervocálico; iii) Salvator Révah que cuidou das vogais átonas finais.

O capítulo trouxe, ainda, uma descrição das vogais e consoantes; essas últimas apresentadas de acordo com o ponto e modo de articulação.

Prosseguiu com uma descrição da estrutura das sílabas e dos processos que tornam as sílabas fechadas em sílabas abertas, inclusive nos ditongos decrescentes e dos que afetam as consoantes líquidas.

Concluiu com uma notícia sobre a pronúncia do português europeu e sul-americano. E, por fim, no Quadro 19, comparam-se as pronúncias do português de Lisboa e de Brasília.

Notas

[1] Estamos referindo como arquifonema nasal /N/ o traço de nasalidade, desconsiderando as diferenças entre as consoantes nasais.

[2] Legenda: C: consoante; V: vogal.

[3] O fado está disponível em: <https://www.youtube.com/watch?v=2Hm692FACmM>. Acesso em: 14 abr. 2025.

Considerações finais

O principal objetivo deste livro foi o de situar a Sociolinguística Educacional – quantitativa e qualitativa – entre outras disciplinas contemporâneas afins. Os capítulos "Precursores" e "A Sociolinguística como disciplina" foram dedicados à distinção dos termos nas dicotomias básicas, como língua e dialeto e diglossia e bilinguismo, entre outras, trazendo à consideração propostas analíticas de pensadores como Saussure e Goodenough. Foi revista também a dicotomia sincronia e diacronia, chegando às propostas de William Labov no século XX, na década de 1970.

Outros estudiosos referidos são: Franz Boas, Edward Sapir e Benjamin Whorf, esses dois últimos responsáveis pela hipótese Sapir-Whorf, que constitui o cerne da Sociolinguística moderna. Os capítulos retomaram, ainda, as contribuições de Leonard Bloomfield, anotando sua influência em John Gumperz; a de Roman Jakobson e do Círculo Linguístico de Praga; bem como a diglossia de Charles Ferguson.

Temas de natureza macroanalítica, especialmente a padronização de línguas e a ecologia linguística na CPLP, ocuparam o capítulo "Micro e macroanálise", que tratou também de pioneiros como Marx, Durkheim e Weber e fez a distinção entre níveis micro – interações verbais e Análise da Conversação – e macroanalíticos – variedades linguísticas e planejamento, com foco na mudança de código.

Ainda no capítulo "Micro e macroanálise", contemplou-se a posição dos interlocutores e seus papéis sociais na conversação, conforme inicialmente propostos por Gumperz, aduzindo crítica de Erving Goffman, o qual destacou o caráter sociossimbólico nas interações sociais. Esses conceitos básicos são ilustrados com notícias sociodialetais na ecologia brasileira. Vejam-se ainda informações breves sobre mudança, atitudes e vitalidade linguísticas. Há uma rápida referência ao desenvolvimento de um falar brasiliense e à morte de línguas.

No capítulo "Sociolinguística Variacionista", são discutidos postulados do paradigma positivista, associando-os à Sociolinguística Variacionista, e introduzindo os conceitos de variáveis independentes (ou fatores) e variável dependente. Chegou-se assim à regra variável – Varbrul –, postulada por William Labov e situada no cerne da Sociolinguística Variacionista, a qual foi trabalhada em sala de aula, em que foram elencados quatro tipos de eventos, distribuídos em um contínuo, de acordo com a influência da língua escrita na fala.

Finalmente, foram mencionadas as três ondas relativas à evolução da Sociolinguística, identificadas por Penelope Eckert: a primeira, correlacional; a segunda permeada pelos métodos etnográficos; e a terceira voltada para o tratamento microanalítico de estilos. Fechou-se o capítulo com a retrospectiva da contribuição de William Labov à Sociolinguística.

Em seguida, a temática selecionada foi o capítulo "Sociolinguística Interacional", paradigma de base fenomenológica e interpretativista, cujo objeto são as estratégias comunicativas, consideradas a base da identidade social. A ênfase recaiu sobre a conversação contextualmente situada, analisada com recursos semânticos e sociopragmáticos. Foi dada relevância aos conceitos de: i) mudança de código (*code switching*); ii) metamensagens; iii) alinhamento ou *footing*; e iv) força ilocucionária, explorando, especialmente, a noção de *footing*.

Como outras disciplinas, esse ramo da Sociolinguística contempla teóricos da ação ou conflito e teóricos da ordem. Gumperz situa-se na primeira categoria e atribui à segunda a Sociolinguística Variacionista.

A vertente interacional recorre a algumas tradições funcionalistas: a Etnografia da Comunicação; a Etnometodologia; a Pragmática dos Atos de Fala e a Análise da Conversação.

O capítulo "Sociolinguística Interacional" trouxe também os conceitos de grupo de referência; de formato de audiência e o de "voz", este último proposto por Bakhtin. Buscou, em seguida, responder afirmativamente à pergunta de Uriel Weinreich: seria possível uma Dialetologia estrutural? E situou variação como recurso comunicativo, evocando o paradigma da Sociologia da Reprodução.

A par dessa revisão da disciplina conduzida nos Estados Unidos, houve menção ao britânico Robert Le Page, quando esse se refere à busca do falante pela ratificação, a qual pode ser prejudicada por desconhecimento de regras sociolinguísticas ou incapacidade pessoal.

O conceito de força ilocucionária e o de ato performativo, propostos por Austin e Searle, são apresentados e exemplificados, fazendo-se a distinção entre eles e o conteúdo preposicional. Seguiu-se uma referência à análise griceana de "significado". Para Searle, o ouvinte compreende o enunciado tão logo reconhece a intenção do falante para produzi-lo. Esses conceitos são ilustrados com análise minuciosa dos atos ilocucionários de "pedir", "agradecer" e "saudar".

O capítulo "Etnografia" introduziu o princípio da reflexividade no âmbito da Etnografia, ou seja, recomendou que se dê importância à compreensão das perspectivas dos pesquisados, por meio da observação do que fazem, dizem e creem, e não apenas de suas narrativas. Em seu início, a Etnografia previa um longo período de tempo no ambiente pesquisado, mas, recentemente, esse processo vem tornando-se mais curto. Ele inclui observar o que ocorre, ouvir e fazer perguntas, com o propósito de reunir informações.

Para alguns autores, o alto grau de subjetividade do etnógrafo descartaria seu método como científico. Em contraposição há os que valorizam a capacidade da Etnografia de conferir forma e conteúdo aos processos sociais, além de estabelecer a distinção entre os paradigmas positivista e naturalista. De fato, esses dois paradigmas são complementares e foram caracterizados no capítulo "Etnografia".

A Etnografia não se ocupa de causalidades, mas de significados sociais. Ou seja, não são previstas variáveis dependentes e independentes, nem testagem de hipóteses. O método considera que as pessoas pesquisadas detenham sua visão própria sobre o mundo e assim o influenciam. O pesquisador etnógrafo é parte do mundo estudado e, portanto, não há a preocupação de se evitar o senso comum, já que esse está naturalmente presente na mente do pesquisador.

O capítulo "Etnografia", retoma os princípios de Dell Hymes subsumidos na sigla *SPEAKING* cujos itens, em inglês, são discutidos com detalhes: *Setting, Participants, Ends, Act sequence, Key, Instrumentalities, Norms and Genres*.

A última seção voltou-se para a Etnografia da Educação, percorrendo-se um processo que contempla os itens a seguir: i) perguntas exploratórias; ii) proposição dos objetivos central e específicos; iii) postulação de asserções com base nesses objetivos; e iv) coleta de dados com vistas a confirmar as etapas anteriores.

Foi recomendada a manutenção de diálogo do pesquisador com os participantes da pesquisa, visando a construir uma teoria sobre a organização de eventos e ações e a definir pontos positivos e negativos. Há, na sequência do capítulo "Etnografia", identificação da gama completa das ações que interessam à pesquisa, estabelecendo-lhes a tipicalidade ou atipicalidade.

São recursos de coleta de dados: a) a observação participante; b) entrevistas; c) material documental; e d) recursos tecnológicos, como gravações, vídeos e áudios.

Foram dedicados alguns parágrafos à pesquisa colaborativa, na qual se busca atingir uma homologia entre o professor sujeito da pesquisa e o etnógrafo. Recomendou-se, ao final, o registro em diário de pesquisa.

O capítulo "Pesquisa em Educação", de natureza teórica, introduz o conceito de Sociolinguística Educacional, termo que venho usando desde 1990. Aponta ainda o grave problema da escola brasileira que não atende às diferenças entre os segmentos populacionais do país. Ressalva, contudo, a ampla literatura sobre alfabetização desde a década de 1980. No Quadro 10, são listados trabalhos nesse campo, desde 1981 até 2017.

Duas questões sobressaíram na disciplina: a) como se manifesta a incongruência entre a cultura da escola e a cultura de crianças de lares iletrados?; e b) como essas são afetadas?

Buscou-se uma resposta com microanálises em quatro níveis: i) Etnografia de sala de aula; ii) descrição das estratégias verbais dos alunos; iii) recurso às análises sociolinguísticas quantitativas; e iv) proposta de currículos e materiais didáticos que visem a sua competência comunicativa.

Esse conjunto foi englobado na proposta da Pedagogia Culturalmente Sensível, cujo modelo foi a "*Culturally Responsive Pedagogy*" de Frederick Erickson e o contexto científico, a Sociolinguística de William Labov. Ambos ilustrados em um diagrama que mostra os elos entre dados e asserções, os quais servem como um guia ao pesquisador para que não se afaste dos objetivos propostos. Seguiram-se exemplos de cada um dos componentes do diagrama.

A seção seguinte tratou da Sociolinguística no Brasil, com referência aos seus principais marcos, descrição dos procedimentos analíticos e menção a seus pioneiros e a centros de pesquisa nacionais.

Como alternativa ao tratamento da variação, bem como ao tratamento tradicional de considerar o "certo" e o "errado" –, a norma padrão e variedades não padrão – foi proposta uma metodologia de contínuos, a saber: i) de urbanização; ii) de oralidade e letramento; iii) de monitoração estilística; e iv) de acesso à internet.

A estruturação de redes sociais na comunicação humana foi tratada em seguida, considerando-se sete variáveis: i) grau de escolaridade; ii) categoria de trabalho; iii) mobilidade espacial; iv) participação em eventos urbanos; v) exposição à mídia; vi) informação política; e vii) ambiente em que os vínculos de amizade foram contraídos.

Na Análise de Redes – cuja tradição emergiu na Psicologia Social e na Antropologia –, cada indivíduo é percebido pelo pesquisador como um elemento no complexo de relações sociais. A metodologia empregada – a Sociometria – é usada para aferir os contatos interpessoais.

Destacou-se o estudo pioneiro de Lesley Milroy, conduzido na Irlanda e elaborou-se o Diagrama 3, que descreve a relação entre os estudos de redes sociais (uniplex ou multiplex) e a consequente adesão à língua padrão ou ao dialeto de origem.

A última seção do capítulo "Pesquisa em Educação" foi dedicada a avaliações nacionais e internacionais: i) PIRLS: avalia a habilidade de leitura e compreensão leitora de alunos do 4º ano do Ensino Fundamental; ii) Pisa: mantido pela OCDE, avalia as habilidades de leitura, matemática, ciências e desafios da vida real de alunos de 15 anos; e iii) Ideb: leva em consideração o fluxo escolar e as médias do Saeb, este último aplicado a cada dois anos.

O foco do capítulo "Sala de aula" é a sala de aula, considerando-se a clientela proveniente de lares não letrados e aquela oriunda de classe média e média alta. No primeiro caso, observa-se especial dificuldade no processo de alfabetização – seja pelo caráter convencional de natureza ortográfica, seja pela cultura prévia dos alfabetizandos, posto que a escola reproduz uma cultura de elite com a qual muitos brasileirinhos não estão habituados. Na sequência são elencadas e examinadas tarefas que desafiam os professores em sala de aula, cujo objetivo é tornar mais efetivo o trabalho dos professores.

Nas línguas que não são ágrafas, a emergência dos sistemas ortográficos é parte de seu processo de padronização. É o caso do português, que usa o alfabeto latino de 26 letras: 21 consoantes e 5 vogais.

Mattoso Câmara considerou a ortografia do português como razoavelmente fonêmica. Pode-se constatar isso ao compará-la com a de línguas como o francês e inglês, sucintamente comentadas no capítulo "Sala de aula". No caso de nosso idioma, foram celebrados diversos acordos ortográficos, mencionados no texto, com atenção especial para o Acordo Ortográfico de 1990 na CPLP. Houve referência ao português como língua oficial no Brasil e às cerca de 274 línguas minoritárias remanescentes pouco conhecidas. Entre essas, resquícios do alemão e do italiano na região Sul. Algumas achegas históricas dão conta da estimativa do número de línguas em nosso território no século XVI. Ressaltou-se o multilinguismo atual no estado do Amapá, na Ilha do Bananal e em Tocantins e foram citados também os povos autodenominados "tapuias".

Na seção seguinte o tema são as tarefas da Sociolinguística no Brasil, em comunidades monolíngues, expandindo-se uma metodologia de matrizes de referência das competências e habilidades para alunos do 1º ao 5º ano, e de habilidades de leitura do 6º ao 9º ano. Para tanto, apresentou-se o conceito de andaimes e outras estratégias de mediação, incluindo mecanismos de coesão frásica, a neutralização de pronomes sujeito e objeto (na terceira pessoa) e a construção de cadeias anafóricas.

Para tornar esses princípios teóricos mais compreensíveis, foi proposto um modelo para a sua aplicação, tomando como exemplo a fala do personagem Chico Bento, de Mauricio de Sousa, e introduzindo a ideia do relativismo cultural. Dedicou-se também atenção à questão da inteligibilidade, distinguindo-se o público alfabetizando de acordo com seu prévio contato com a língua escrita. Um conceito importante retomado foi a distinção funcional entre erros de ortografia que resultam de traços de oralidade, e erros que se explicam por ser a ortografia um sistema convencional. Tudo isso é subsumido em uma proposta do tratamento de problemas ortográficos em sala de aula, apresentados em um diagrama, seguindo-se uma análise de um texto de aluna de 9 anos, da terceira série do Ensino Fundamental, e em especial, a discussão das representações do fonema /s/.

Para concluir o capítulo "Sala de aula", foi tratada a questão do erro gramatical, considerado um fato social, na sua ocorrência na fala e na escrita. Elementos da ortografia, como hífen, letras maiúsculas, divisão silábicas e etc. são observados, terminando com comentários de questões relevantes propostas por Artur Gomes de Morais sobre ortografia e alfabetização.

A fonologia segmental do português, principalmente o do Brasil, foi o tema do capítulo "Comentando a fonologia do português do Brasil", que se detém nas consoantes, vogais e sílabas, a partir do tratamento dado por Mattoso Câmara. Apelou-se principalmente aos seguintes precursores da fonologia do português:

Gonçalves Viana, Leite de Vasconcelos e Israël Révah, apresentando-se os quadros dos fonemas vocálicos e consonantais com exemplos.

Foram trabalhadas ainda as diversas estruturas das sílabas abertas e travadas em português. Na sequência, mencionados processos que afetam as consoantes do português do Brasil, como as líquidas /r/ e /l/ e a consoante palatal /ʎ/, indicando a preferência pela sílaba canônica CV. O capítulo "Comentando a fonologia do português do Brasil" também cuida i) da desnasalização de vogais átonas finais; ii) da supressão de segmentos consonânticos no declive da sílaba; iii) da formação do ditongo crescente como em "qual/quais", que podem também ser considerados tritongos; e iv) da redução de ditongos decrescentes /ow/ e /ey/.

Diante dessas considerações, são comparadas a pronúncia do português de Lisboa e do português brasileiro, com exemplos.

Guia de aprofundamento de leitura

Apresentamos aqui um conjunto de perguntas como guia de leitura e de pesquisas correlatas sobre os temas tratados neste livro.

1- Entre as abordagens quantitativas e qualitativas das seguintes áreas importantes para a Sociolinguística Educacional – Pragmática, Etnografia e Linguística Aplicada –, escolha duas que considera mais relevantes para o seu trabalho e apresente um tema para cada uma delas.
2- Qual a diferença que o capítulo "Precursores" traz para os termos diglossia e bilinguismo?
3- Descreva brevemente um destes sistemas de avaliação: PIRLS, Pisa e Ideb.
4- Qual a distinção saussureana em relação às manifestações variáveis e como a Sociolinguística revisou essa dicotomia?
5- Como o conceito de papel social se relaciona à condição de funcionalmente aceitável proposta por Goodenough?
6- Por que William Labov afirmou que o estudo empírico da mudança linguística não fora contemplado até o século XX?
7- Faça referência aos seis elementos vigentes na teoria da comunicação, originários do Círculo Linguístico de Praga.
8- Na sua visão, qual dialetólogo deu a contribuição mais relevante aos futuros estudos de Sociolinguística? Por quê?
9- Como devemos compreender a afirmação de Einar Haugen: "Todo dialeto é uma língua, mas nem toda língua é um dialeto"?
10- Relacione as noções de seleção e codificação, respectivamente, à aceitação e à elaboração (com base em Haugen, 1972).
11- Comente, sucintamente, as ações políticas relativas à padronização de uma língua: elaboração de dicionários, ortoépia, ortografia e gramáticas escolares.
12- Procure exemplos na internet de línguas ágrafas no Brasil e no mundo.
13- Como se pode entender o conceito de complementaridade em uma ecologia linguística?
14- Dê exemplo(s) de situação de diglossia e de bilinguismo.
15- Como Joshua Fishman se referiu à questão da variação nas línguas?
16- Como o linguista norte-americano Ralph Fasold distribuiu os temas relativos à Sociolinguística nos seus dois livros, de 1984 e 1990?

17- Qual a principal distinção entre a Sociolinguística Interacional (SI) e a Sociolinguística Variacionista?
18- Teça comentários sucintos sobre as características estruturais e sociocomunicativas de um evento de fala.
19- Como se pode entender a informação de *background* no processo interpretativo da comunicação?
20- Qual a definição de avaliação nesse processo?
21- Você percebe na sua própria linguagem recursos de metalinguagem?
22- Quando um deputado, durante seu discurso, fala mais alto, temos um fenômeno de ritmo ou de intensidade?
23- Dê exemplo(s) de eventos em que a tomada do turno é livre e eventos em que ela segue regras preestabelecidas.
24- Como se pode usar recursos de mitigação ao fazer uma crítica a alguém?
25- Comente: "As regras de polidez na comunicação variam de acordo com o interlocutor".
26- Cite uma situação em que as regras de proxêmica são rígidas.
27- Você percebe como as pessoas usam a gesticulação enquanto falam?
28- Como se distinguem a Macrossociolinguística e a Microssociolinguística?
29- Como você entende a afirmação de que "A conversa é socialmente organizada", como observou Erving Goffman?
30- Como se implantou e se consolidou, como língua de prestígio, a língua portuguesa no Brasil?
31- Com relação à possível existência de variedades pidginizadas em nosso país, no início da colonização, que polêmica se instaurou?
32- Por que podemos aceitar que a língua geral, no início da colonização brasileira, teve caráter de língua franca?
33- Se houve no Brasil uma língua crioula, que fatores históricos poderiam ter interrompido a crioulização?
34- No texto recolhido por Serafim da Silva Neto, identifique fenômenos fonológicos que ainda estão presentes no português brasileiro não padrão.
35- Como você pode descrever o que Serafim da Silva Neto chamou de "fronteira linguística móvel" no Brasil?
36- Como o conceito de "urbanização" deve ser entendido no caso da colonização do nosso país?
37- No processo de padronização da língua, quando e por quem foi imposta uma gramática normativa oficial nos territórios de fala portuguesa?
38- Em que décadas se incrementou a população urbana no Brasil?
39- No Império Romano, como se explica a diglossia entre latim clássico e latim vulgar?
40- Quando teve início a separação política entre a Galiza e o território onde Portugal se constituiu?

41- Quando o código usado no extremo oeste da península ibérica foi denominado língua portuguesa?
42- Avalie a importância da CPLP para a vitalidade e o desenvolvimento da língua portuguesa.
43- Como se situa a língua portuguesa em um *ranking* de línguas mais faladas no mundo?
44- Faça uma pesquisa sobre o percentual de falantes de português como língua segunda no Brasil.
45- Do ponto de vista epistemológico, como se situa a Sociolinguística Variacionista no âmbito das Ciência Sociais?
46- Quais os principais precursores do positivismo de Auguste Comte?
47- O que se entende com a afirmação de que "o paradigma positivista é indutivo"?
48- Mencione os principais postulados do paradigma positivista.
49- Como a Sociolinguística Variacionista incorpora o pressuposto da certeza sensível na coleta de dados da língua oral e da língua escrita?
50- O emprego de categorias consagradas nas ciências exatas pela Sociolinguística pertence ao domínio da certeza metódica. Reflita sobre essa afirmação.
51- Por que podemos afirmar que "as crenças e valores do pesquisador devem ser livres de contexto"?
52- Como podemos entender o pós-positivismo proposto por Karl Popper e Thomas Kuhn?
53- Como descrever uma relação causal entre uma variável independente e uma variável dependente?
54- Como o senso comum é contemplado pelo pós-positivismo?
55- Quais os critérios contemplados na análise da regra variável?
56- Dê exemplos de fatores sociodemográficos e de fatores etnográficos que podem ser incluídos como fatores sociais na análise de uma regra variável.
57- Dê exemplo de um evento de fala, no interior de um processo interacional, lembrando que o evento é percebido como uma unidade com início, desenvolvimento e fim.
58- Considerando o conceito de Iniciação, Resposta, Avaliação (IRA) construa, juntamente a um(a) colega, um evento dessa natureza sobre assunto de qualquer disciplina.
59- Mencione elementos próprios do discurso oral, conforme postulados por Koch.
60- Como você entende um evento caracteristicamente oral, em oposição ao evento caracteristicamente letrado?
61- Na sua experiência como aluno, você percebia a mudança de código dos professores entre estilos mais cuidados e menos cuidados?
62- Como você descreve as três ondas de prática analítica proposta por Penelope Eckert?

63- Como você faz a distinção entre categorias sociodemográficas e categorias sociointeracionais na Sociolinguística contemporânea?
64- Por que a variação começou a ser vista como sistema semiótico?
65- Como se pode descrever a dimensão de Análise Crítica da Linguagem?
66- Qual é o primeiro trabalho que postulou a correlação entre categorias socioecológicas e a variação sociolinguística?
67- Como Wiliam Labov previu a compreensão geral da variação linguística?
68- Quais foram os dois primeiros estudos sociolinguísticos realizados por Wiliam Labov?
69- A amostragem na pesquisa de Labov em Martha's Vineyard, dividida em quatro grupos étnicos, é de natureza sociodemográfica ou sociointeracional?
70- Pesquise na Internet o conceito de amostragem por julgamento.
71- Como Leonard Bloomfield, na década de 1940, antecipou a proposição da variação linguística?
72- Como se pode definir o conceito de variante?
73- Comente brevemente a influência: 1) da Sociologia comtiana; 2) da Etnografia de Hymes; e 3) das estratégias discursivas de Gumperz, na construção da Sociolinguística.
74- Por que se pode afirmar que a SI é um paradigma de base fenomenológica?
75- Qual o objeto de estudo da SI?
76- O que textos de publicidade e de doutrinação religiosa e política podem ter em comum?
77- Por que se pode afirmar que a competência conversacional depende não só do conhecimento do código usado, mas também das normas que regem a comunicação?
78- Como se pode definir o conceito de *footing* proposto por Erving Goffman?
79- Você pode mencionar alguns preâmbulos que antecedem alguma conversa e que definem a postura dos falantes?
80- Como John Gumperz distinguiu os teóricos que lidam com a linguagem?
81- Como esse autor definiu o conceito de agência humana?
82- Mencione tradições funcionalistas no estudo da linguagem.
83- Por que interlocutores, de origens geográficas e sociais distintas, podem ter dificuldade no processo conversacional, apesar de saberem a língua em uso?
84- Que fatores influenciam a constituição da identidade social?
85- Como se pode definir o conceito de grupo de referência?
86- Como você entende a noção de "*audience design*"?
87- Por que, segundo Pierre Bourdieu, o interlocutor não é apenas um elemento complementar na interação?
88- A Sociolinguística pôde prover uma resposta à pergunta de Weinreich: "seria possível uma Dialetologia Estrutural?"?
89- Por que podemos afirmar que a variação é um recurso comunicativo?

90- Explique: "A língua não é somente um instrumento de conhecimento, mas principalmente um instrumento de poder".
91- Qual a principal contribuição da Sociologia da Reprodução?
92- Que condições, conforme Robert Le Page, um falante enfrenta ao buscar ratificação e aprovação?
93- Que duas revoluções recentes serviram de base às hipóteses de Le Page?
94- Que livro é seminal na obra de John Austin no campo da Filosofia da Linguagem?
95- Como esse autor explica o ato performativo?
96- Quais os três aspectos de um ato de fala segundo Austin?
97- Que ações são proferidas na formulação de um ato locucionário?
98- Como o verbo inicial performativo altera a força de um enunciado?
99- Segundo John Searle o que torna uma asserção verdadeira ou falsa?
100- Como esse autor propõe uma distinção entre expressões referenciais singulares definidas e expressões referenciais plurais definidas?
101- Forneça exemplos dos seguintes atos ilocucionários: asserções; promessas; pedidos; avisos; pergunta sim/não.
102- Dê exemplo de regras regulativas e regras constitutivas de acordo com Searle.
103- Por que o autor declara que geralmente reconhecemos desvios de um padrão como errado ou defeituoso?
104- Segundo o autor, como são realizados os atos ilocucionários e o que os caracteriza?
105- Como Paul Grice especifica o sentido de *"meaning"*?
106- Como se deve entender a assertiva: S (*speaker*) significou algo com o enunciado X que produz um efeito em H (*hearer*)?
107- Qual o traço essencial da comunicação linguística?
108- Quais as críticas que Searle faz à proposta de Grice?
109- Como se dá na fala a combinação entre a expressão de um pensamento com a produção de um efeito sobre o falante?
110- O que torna um ato de fala bem-sucedido?
111- Como Searle resume as condições e os significados de um enunciado?
112- Quais os tipos de atos ilocucionários que se realizam nas ações de "pedir"; "agradecer" e "saudar"?
113- Como Searle explica o princípio de expressabilidade?
114- Reflita sobre diferentes contextos em que a frase "talvez mais tarde" pode representar mais de um ato ilocucionário.
115- Como podemos descrever sucintamente o princípio da reflexividade?
116- Que mudança é observada em relação à participação do etnógrafo na vida diária da comunidade recentemente?
117- Que verbos resumem as principais tarefas do etnógrafo?
118- Como Hammersley e Atkinson refutam as críticas à Etnografia como método científico?

119- Como esses autores distinguem os paradigmas positivista e naturalista?
120- Como se referem à contribuição da Etnografia?
121- Por que eles entendem que a ciência é experimental?
122- Por que propõem que o paradigma busca uma explicação dedutiva?
123- Qual a vantagem da linguagem neutra na descrição de teorias científicas?
124- Que outras denominações recebem o paradigma naturalista?
125- Qual a postura que recomendam que os pesquisadores tenham em relação ao mundo social que descrevem?
126- Por que esse paradigma não trabalha com uma lógica causal?
127- Qual alternativa ele oferece ao modelo que postula variáveis dependente e independentes?
128- Que grupos sociais podem influenciar a pesquisa social e que solução o paradigma naturalista oferece para o problema?
129- Como o naturalismo propõe a distinção entre ciência e senso comum?
130- Com que elementos Dell Hymes resumiu a proposta da Etnografia da Comunicação com a palavra *SPEAKING*?
131- Imagine uma pesquisa social na qual você defina os seguintes elementos: A) ambiente; P) participantes; e E) propósitos.
132- Com relação às normas de interação (N) reflita sobre sua distinção em um ambiente como uma igreja durante um culto e um estádio de futebol.
133- Você percebe distinção na brevidade dos eventos comunicativos em diferentes grupos sociais ou em diferentes etnias?
134- Que consequências (positivas ou negativas) você observa na comunicação em redes sociais digitais em que o número de palavras é limitado.
135- Reflita sobre diferentes comunidades (mais amplas ou mais restritas) em que um etnógrafo pode conduzir sua pesquisa.
136- Você conhece ambientes educacionais informais?
137- Por que os processos rotineiros são geralmente (quase) invisíveis para seus participantes?
138- Em que um pesquisador pode basear-se para formular suas perguntas exploratórias em uma pesquisa?
139- Pensando em uma pesquisa em ambiente de educação não formal, como as do sistema S (Sesi, Sesc etc.) de que forma você pode imaginar um projeto piloto?
140- Como se pode entender a seguinte assertiva: "quem não sabe o que procura não percebe quando o encontra".
141- Por que o diálogo entre pesquisador e os participantes da pesquisa é importante?
142- Quais os dois procedimentos de coletas de amostras propostas por Frederick Erickson?
143- Quais são os procedimentos mais comuns na coleta de amostras?

144- O que distingue a pesquisa colaborativa de outros métodos de pesquisa?
145- Que procedimento adotar quando o diálogo entre pesquisador e participantes não chegar a um consenso?
146- Que vantagens traz a gravação de videoteipes das atividades docentes na pesquisa?
147- Em que momento da pesquisa seus objetivos podem ser revistos ou redirecionados?
148- Como se deve entender o conceito de homologia entre a interpretação de pesquisador e pesquisado?
149- Em que momento (e como) uma teoria emergente já pode ser sociabilizada com todos os membros da pesquisa?
150- Como se pode definir a Sociolinguística Educacional?
151- Que áreas afins à Sociolinguística contribuem para a análise na Sociolinguística Educacional?
152- Quais precursores da Sociolinguística Educacional podem ser citados a partir de meados do século XX?
153- Que problema seminal se pode apontar na educação brasileira, levando-se em conta a estratificação populacional no país?
154- Mencione alguns autores que têm contribuído com trabalhos sobre Educação no Brasil nas duas últimas décadas do século XX.
155- Que trabalhos (entre outros) sobre esse tema devem ser considerados a partir da virada do século?
156- Reflita sobre esta questão: em que consiste a incongruência entre a cultura da escola e a cultura das crianças oriundas de segmentos não favorecidos?
157- Em que níveis as microanálises da Sociolinguística Educacional são processadas?
158- Onde incide o foco da atenção do pesquisador na Etnografia de sala de aula?
159- Dê exemplos de rotinas comunicativas de estudantes de sala de aula.
160- De que natureza podem ser as análises sociolinguísticas quantitativas?
161- A que propósito visa a elaboração de currículos e materiais didáticos?
162- Mencione uma tarefa comunicativa simples e uma complexa, na modalidade oral que o estudante desenvolve em sala de aula.
163- Como se descreve o processo de indução analítica na pesquisa?
164- Que tipos de dados podem ser coletados no processo de pesquisa para dar suporte a asserções?
165- Quais foram os primeiros textos na área de Sociolinguística?
166- Qual a autoria e a data do texto Syntactic Diffusion?
167- Qual a hipótese postulada por Gregory Guy sobre a origem da variação do português no Brasil?
168- Se houve uma língua crioula no Brasil colonial, onde e por que ela teria sofrido um processo de descrioulização?

169- Qual o texto pioneiro de Anthony Naro sobre variação publicado na revista *Language*?
170- Como se deve entender que a heterogeneidade é sistemática na língua?
171- Como essa heterogeneidade deve ser pesquisada?
172- Procure na internet exemplos de forças coercitivas (*constraints*) linguísticas e sociais, sobre uma regra variável.
173- Como se distinguem os argumentos de Gregory Guy e de Anthony Naro em relação à perda de sufixos flexionais no português brasileiro?
174- Mencione pesquisadores brasileiros que transitaram da Dialetologia Regional para a Sociolinguística Variacionista.
175- Que funções adquiriram as línguas nacionais na transição da Idade Média para a Idade Moderna?
176- Que informação relevante trouxe Carlos Alberto Faraco sobre a emergência da língua nacional em Portugal?
177- Qual a relação entre a consolidação de línguas nacionais e o desenvolvimento de um sistema escolar?
178- Que importância teve o critério de correção na emergência das línguas nacionais?
179- Qual o papel de Mattoso Câmara Junior na relativização dos conceitos de certo e errado?
180- Qual a motivação para o trabalho de uma metodologia de contínuos na descrição do português brasileiro?
181- Como se pode descrever um contínuo dialetal?
182- O que são variedades "rurbanas"?
183- Como se distinguem variáveis linguísticas que definem uma estratificação abrupta e traços que definem uma estratificação gradual no contínuo de urbanização?
184- Como se define um contínuo referente a eventos de oralidade e eventos de letramento?
185- Reflita sobre um evento de oralidade permeado por eventos de letramento.
186- Entre os contínuos postulados na metodologia, quais têm natureza estrutural e por quê?
187- Se o contínuo de monitoração estilística é dinâmico, que fatores promovem esse caráter?
188- Qual o papel que o interlocutor tem no processo de monitoração estilística?
189- Que outras variáveis afetam esse processo?
190- Que variáveis intervêm na condição de acesso dos brasileiros à rede de internet?
191- Indique um ambiente em que todos os participantes tenham acesso à internet.
192- Que benesses a internet pode oferecer aos seus usuários?
193- Por que as gramáticas do português brasileiro a partir do século XX passaram a evitar conceitos como certo e errado?

194- Como se descreve uma abordagem diatópica da língua portuguesa?
195- Como se descreve uma abordagem diastrática e diafásica em nossa língua?
196- Reflita sobre a dificuldade de se operacionalizar o conceito de língua popular.
197- Quando refletimos sobre a relativamente recente urbanização brasileira, qual a principal variável a considerar e como ela se constitui?
198- Por que em nosso país o grau de escolaridade pode ser um fator útil na descrição linguística?
199- Como se pode conceber o fator "categoria de trabalho" como uma variável útil na descrição do português brasileiro?
200- Como se pode conceber uma escala em relação a essa variável?
201- Como operacionalizar a variável "mobilidade espacial"?
202- Que eventos urbanos locais e não locais podem ser operacionalizados na definição de cultura urbana?
203- Como descrever a variável "exposição à mídia"?
204- Reflita sobre o papel das novelas de televisão na difusão da cultura urbana.
205- Faça uma pesquisa sobre o percentual de brasileiros com acesso à internet no presente ano, em zona urbana e em zona rural.
206- Segundo Naro e Scherre qual a relação entre o uso de uma regra de concordância padrão e a compreensão de telenovelas?
207- Proponha algumas perguntas que possam operacionalizar a variável "informação política".
208- Como se pode definir a metodologia de redes sociais?
209- Como se trabalha a análise de redes nas disciplinas de Psicologia Social e na Antropologia?
210- Quais estudiosos pioneiros levaram em conta a questão "quem se comunica com quem"?
211- Como se pode definir a Sociometria ou técnica de nomeação?
212- Como descrever a influência de redes sociais uniplex e de redes sociais multiplex em relação à adesão à língua padrão?
213- Forneça um exemplo de rede social uniplex e de rede social multiplex.
214- O que é o exame PIRLS?
215- Como os alunos brasileiros se saíram na última aplicação do PIRLS?
216- Por que podemos afirmar que os baixos escores de alunos brasileiros nos testes de leitura é um problema estrutural?
217- O que é o exame Pisa?
218- Como foram os resultados dos estudantes brasileiros na realização do último Pisa?
219- Como se comparam as escolas públicas estaduais e municipais com as escolas particulares e federais quanto aos resultados do Pisa?
220- Como se comparam esses mesmos resultados levando-se em conta as regiões geográficas brasileiras?

221- Finalmente, como se comparam os resultados brasileiros do Pisa com os de outros países no mundo e na América Latina?
222- O que é o Ideb?
223- Com que intervalo o Saeb é aplicado?
224- Como o governo brasileiro aproveita os resultados do Saeb?
225- Como se comportaram os resultados dos alunos brasileiros no Saeb também nas duas primeiras décadas do século XXI?
226- Pesquise na internet sobre o Instituto Nacional de Estudos e Pesquisas Educacionais Anísio Teixeira (Inep).
227- Como se dá a coleta de informações do Censo Escolar?
228- O que significa a sigla PNE?
229- Qual o percentual de alunos matriculados na Educação Básica pública e privada de acordo com o último Censo Escolar do Inep? Pesquise.
230- Como você entende a distorção idade-série na Educação Básica, nos Anos Iniciais e nos Anos Finais?
231- Pesquise os resultados do Ideb no Ensino Médio, no último Censo Escolar, comparando as metas e os resultados obtidos.
232- Como podemos entender a Pedagogia Culturalmente Sensível?
233- Com que problemas se confrontam, especialmente, as crianças dos segmentos mais pobres no processo de alfabetização?
234- Em que momento da história de uma língua se dá a emergência de seu sistema fonológico?
235- Como se constitui a ortografia do português?
236- Qual a origem das letras no alfabeto do português?
237- Quais são as duas análises possíveis para as vogais nasais?
238- Reflita sobre uma língua ou línguas cuja ortografia não é considerada fonêmica.
239- Quais as consequências dos acordos ortográficos para a ortografia do português?
240- Mencione alguns desses acordos ortográficos.
241- Qual o histórico do acordo ortográfico de 1990?
242- Como descrever a ortografia do inglês contemporâneo?
243- Quando se deu a fundação de Portugal?
244- Quantas línguas são faladas no Brasil, além do português, que é língua oficial?
245- Quantas línguas se estima que eram faladas no século XVI?
246- Por que podemos dizer que grande parte dos idiomas falados no Brasil correm sério risco de extinção?
247- Onde a incidência de multilinguismo é mais relevante no Brasil?
248- Pesquise na internet o que são línguas indígenas endógenas.
249- Qual a língua mais falada pelos indígenas amapaenses?
250- Refira grupos indígenas usuários da família karajá e da família jê.
251- Mencione comunidades trilíngues no Brasil.

252- Mencione tarefas gerais para a formação do professor como agente de letramento.
253- Dentre elas, observe por que algumas são específicas para professores de 1° ao 5° ano.
254- Entre as habilidades de leitura do 6° ao 9° ano, identifique aquelas referente à forma do texto.
255- Que tarefas podem ser conduzidas para se recuperar o conteúdo e as informações?
256- Faça o mesmo em relação a tarefas voltadas para interpretação e compreensão.
257- O que é a construção de andaimes?
258- Como podemos distinguir regras variáveis de caráter regional de regras variáveis idiossincráticas?
259- Mencione regras de coesão frásica.
260- Na frase "o programa não é assistido por muitos", que regra variável foi empregada?
261- Dê exemplo de:
   a) regra variável de concordância nominal;
   b) regra variável de concordância verbal;
   c) regra variável de topicalização do sujeito;
   d) regra variável no uso de orações relativas;
   e) regra variável com cadeias anafóricas.
262- Encontre na revistinha de Chico Bento, de Maurício de Sousa, um episódio que seria interessante levar para a sala de aula.
263- Como podemos definir a competência comunicativa?
264- O que podemos perceber nas assertivas dos alunos:
   a) Chico Bento fala enrolado;
   b) Chico Bento não estuda.
265- Como podemos descrever o relativismo cultural?
266- Por que o conceito de relativismo cultural pode opor-se a mitos centenários na cultura brasileira?
267- Com que idade as pesquisas indicam que crianças são capazes de distinguir diferenças dialetais?
268- Por que no Brasil falantes com pouco contato com a cultura de letramento podem ter dificuldade para entender um texto nessa cultura?
269- Como podemos definir o sentimento de insegurança linguística?
270- Pesquise sobre países com grande quantidade de línguas e dialetos.
271- Nos itens seguintes, aponte, em uma lista, os erros de ortografia que resultam de interferência de traços de oralidade e, em outra, os erros resultantes do próprio sistema de convenções da escrita:
   a) princeza
   b) os imposto

c) relusir
d) imbigo
e) emviar
f) homi
g) malmita
h) resistro
i) empertinente
j) embriaguês
k) sugeito
l) nacer
m) raíz
n) aucílio
o) resar

272- Por que podemos afirmar que o erro na língua oral é um fato social?
273- Como se explica a proposta sociolinguística de diferença entre variedades ou estilos de uma mesma língua?
274- Que diferentes consequências têm erros de fala e erros de escrita?
275- Por que se pode afirmar que a ortografia é um processo convencional?
276- Além do uso das letras em palavras, que outros elementos são integrantes da ortografia?
277- Como a escola trabalha para desenvolver a consciência fonológica dos alunos?
278- Que diferenças, segundo Artur Gomes de Morais, existem entre grafias regulares diretas, contextuais e morfológico-gramaticais?
279- Que variação pode ocorrer no encontro consonantal de oclusiva ou fricativa plana + /r/?
280- Ainda segundo Morais, o que são ortografias irregulares? Dê exemplos.
281- Descreva os fenômenos ortográficos irregulares nas seguintes palavras:
  a) sarau
  b) assimétrico
  c) geleia
  d) casulo
  e) xadrez
  f) harmonia
  g) destempero
  h) folia
  i) vassoura
  j) relógio
282- Como apoiar ou refutar as seguintes afirmações:
  a) O ensino da ortografia na escola tem um momento de iniciar, mas não de acabar.

b) Na conjugação do verbo "assegurar"; podemos trabalhar a ortografia na segunda sílaba.
c) Na ortografia dos encontros consonantais, os alunos têm de aprender que a segunda letra é sempre o /r/ e o /l/.
283- Dê exemplo de um par mínimo em que se opõem os fonemas /t/ e /d/ seguidos do fonema /r/.
284- Que dois tratamentos podem receber as vogais nasais no português?
285- Como Gonçalves Viana considerou as vogais em sílabas átonas?
286- Para esse autor onde ocorreriam os alofones não silábicos das vogais /i/ e /u/?
287- Em que ambiente as vogais podem não ser vozeadas?
288- Quando o fenômeno da perda da nasalidade das vogais passou a ser objeto de descrição fonológica?
289- Pode-se afirmar que a redução de ditongos em português era foneticamente condicionada?
290- Que outros fenômenos fonológicos foram reportados nos dialetos sulistas portugueses?
291- Qual a tese do professor Anthony Naro com relação à redução do quadro vocálico em posição final de palavras?
292- Como se distinguem articulatoriamente as vogais e as consoantes?
293- Entre as vogais anteriores e a vogal /a/ central, que pronúncias reduzidas são observadas no português europeu?
294- Como Mattoso Câmara descreveu as vogais nasalizadas, distinguindo-as das vogais nasais?
295- Reflita sobre a pronúncia da consoante pós-vocálica /l/ no Brasil, em Portugal e ex-colônias portuguesas.
296- Quais são as vogais nasalizadas que de acordo com Mattoso Câmara não devem ser confundidas com as vogais nasais?
297- Por que podemos chamar o /y/ e /w/, que formam ditongos, de semivogais?
298- O que são fonemas vozeados?
299- De acordo com o ponto de articulação, como se classificam as consoantes oclusivas?
300- Quais são as fricativas labiais (planas)?
301- Qual a diferença articulatória entre as laterais /l/ e /ʎ/?
302- Na sua fala o fonema inicial da palavra "rato" é vibrante?
303- Dê um exemplo de palavra iniciada com a consoante nasal alveopalatal /nh/.
304- Por que as consoantes /t/ e /d/ se tornam africadas (altas) diante da vogal /i/?
305- Na sua fala, as fricativas /s/ e /z/ em final de sílabas são sibilantes ou chiantes?
306- Como se pode definir sílaba?
307- É correto afirmar que o ápice da sílaba em português é sempre uma vogal?

308- Dê exemplo de uma palavra em que ocorrem duas consoantes na fase inicial da primeira sílaba.
309- Como se pode definir um ditongo decrescente?
310- Dê um exemplo de supressão de consoante que ocorre no declive silábico e reflita sobre esse fenômeno.
311- Como se pode explicar a pronúncia "homi" da palavra "homem"?
312- Pode-se afirmar que ditongos nasais pós-tônicos tendem a ser pronunciados como monotongos (uma só vogal)? Dê exemplos.
313- Podemos afirmar que a consoante líquida /l/, quando ocorre após uma oclusiva, tende a transformar-se em /r/ na fala, sendo que o oposto não ocorre?
314- Dê exemplo da desnasalização e monotongação do morfema de terceira pessoa do plural /ãw/ em sílaba átona final.
315- Faça o mesmo com o morfema da terceira pessoa do plural /ẽy/.
316- Há alguma palavra proparoxítona em que você observe perda de sílabas pretônicas?
317- Como Matoso Câmara analisa a sequência de vogais na palavra "quais"?
318- Dê exemplos da redução do ditongo /ey/ > /e/ e observe o fonema seguinte ou pausa.
319- Como descrever a pronúncia "sordado" em vez de "soldado"?
320- Por que se pode afirmar que a pronúncia "pilha" para a palavra "pia" é uma hipercorreção?
321- Que consequências mais perceptíveis podemos apontar no ritmo em *allegro* em Portugal em relação ao ritmo silábico no Brasil?
322- Ouça um fado cantado por uma pessoa nascida e criada em Portugal e aponte algumas diferenças na pronúncia quando comparadas ao português do Brasil.
323- Que fenômeno ocorre na pronúncia "trabaia" para a palavra "trabalha"?

Bibliografia comentada

AMARAL, Amadeu. *O dialeto caipira*. 3. ed. São Paulo: Hucitec, 1976 [1920].
Um dos primeiros levantamentos dialetológicos no Brasil, concentrando-se no dialeto caipira em São Paulo, de onde a variedade se expandiu para Minas Gerais e Goiás. Este estudo contribuiu para a formulação de teorias linguísticas.

BORTONI-RICARDO, Stella Maris. *Do campo para a cidade*: estudo sociolinguístico de migração e redes sociais. São Paulo: Parábola, 2011.
Trata da migração do campo para a cidade, com base no texto *The Urbanization of Rural Dialect Speakers* (Cambridge University Press, 1985). O livro analisa a fala de um grupo de migrantes radicados no Distrito Federal quanto aos efeitos de sua transição rural-urbana e faz previsões, levando-se em conta o acesso dessa população à educação formal. Traz uma ampla descrição dos estudos de rede social (*network studies*), adaptando-os à realidade brasileira.

BAGNO, Marcos. *Norma linguística*. São Paulo: Loyola, 2001.
Trata-se de parte de uma coletânea, originalmente em francês, traduzida por Marcos Bagno e acrescida do texto de Haugen (1966) e Rey (1972), além da prosa bem-humorada de Marina Yaguello (1988). É voltada para as várias noções de norma – culta, padrão, pedagógica, literária etc.

CASTILHO, Ataliba. *A nova gramática do português brasileiro*. São Paulo: Contexto, 2010.
Neste livro de 1768 páginas, o renomado professor Ataliba de Castilho nos fornece uma descrição do português do Brasil, isto é, do português brasileiro, a qual é resultado de 50 anos de pesquisas em universidades paulistas e no exterior. É uma sorte poder contar com uma gramática do português tão profunda e atualizada, à luz das teorias linguísticas contemporâneas.

CUNHA, Celso. *Língua portuguesa e realidade brasileira*. Rio de Janeiro: Tempo Brasileiro, 1977.
Nesse pequeno livro, redigido com uma introdução ao estudo "Linguagem e condição social no Brasil", o autor visou a preservação da unidade da língua dentro de sua diversidade. Ele releva a análise histórica para explicar as diferenças da língua popular e a relativa coesão da língua culta de Portugal e do Brasil, e traz informações demográficas do período colonial, seguidas de considerações sobre o desenvolvimento da literatura no Brasil.

FARACO, Carlos Alberto. *História do português*. São Paulo: Parábola, 2019.
O livro dedica-se à história sociopolítica e cultural da língua portuguesa, desde o século I, na constituição do Reino de Portugal, até o século XII. Seu intuito principal foi demonstrar como a língua portuguesa foi, de minoritária no Brasil no século XVI, a majoritária e hegemônica no século XX. A análise histórica é conduzida sem, contudo, resvalar para uma suposta e ingênua homogeneidade. Vide a ênfase dada à distinção entre o português considerado culto e o português brasileiro popular.

FASOLD, Ralph. *The Sociolinguistics of Language*. Oxford: Basil Blackwell, 1990.
O livro está associado a outro volume do autor: *The Sociolinguistics of Society*. Embora seja uma introdução, é bastante informativo. Seu objetivo, segundo o prefácio do britânico Peter Trudgill, é ampliar o entendimento de como uma língua funciona e o que é feito relacionando-a à sociedade na qual ela atua como um liame. Ele trata da Etnografia subsumida pela sigla *SPEAKING*

de Dell Hymes; da Pragmática (implicaturas); da Variação; da Política de Idioma entre outros temas relevantes.

FISHMAN, Joshua. *The Sociology of Language*. Rowley: Newbury House, 1972.

O precursor Joshua Fishman traz no livro uma abordagem interdisciplinar entre Ciências Sociais e a língua em sociedade. Apresenta os conceitos básicos da disciplina Sociolinguística, como uma microanálise da Sociologia da Linguagem. Revisa os estudos introdutórios e se detém também nas noções de diglossia e bilinguismo, bem como de preservação e de mudança linguística.

GUMPERZ, John Joseph. *Discourse Strategies*. Cambridge: Cambridge University Press, 1982a.

Segundo o autor, para entender o papel da língua na vida pública e os processos sociais em geral, precisamos de um entendimento mais aguçado de como o conhecimento linguístico e os fatores sociais interagem na interpretação do discurso. Ele sintetiza a pesquisa fundamental sobre a Educação num esforço multidisciplinar que inclui a Sociolinguística, a Antropologia e a comunicação não verbal, além de desenvolver uma teoria de inferência conversacional, apontando barreiras que surgem na comunicação entre indivíduos ou de grupos étnicos (Gumperz, 1982a. *Tradução da autora*).

HYMES, Dell. *Foundations in Sociolinguistics:* an Ethnographic Approach. Philadelphia: University of Pennsylvania Press, 1974.

O pioneiro Dell Hathaway Hymes publicou, em 1974, esse livro introdutório sobre Sociolinguística, que ele dedicou a Sapir. A ênfase principal é na Etnografia da Comunicação, e, para torná-la mais explícita, ele traça os vínculos entre Linguística e Sociologia. Aborda também a educação bilíngue, o folclore e a poética. Segundo o autor, o livro reúne três temas fundamentais à Sociolinguística, expressos nas seguintes asserções: i) a compreensão da conduta comunicativa exige novas formas de descrição da língua; ii) o estudo de uma língua é um campo multidisciplinar que inclui a Linguística, Sociologia, Antropologia Social, Educação e Folclore, entre outras disciplinas; e iii) o estudo desse modo de organização leva à revisão das bases da Linguística.

LABOV, William. *Padrões sociolinguísticos*. Trad. Marcos Bagno, Maria Marta Scherre e Caroline R. Cardoso. São Paulo: Parábola, 2008.

Considera-se que a publicação original desse livro em 1972 representa o nascimento oficial da Sociolinguística Variacionista, área que teve grande desenvolvimento no Brasil. Para o autor, a heterogeneidade é uma condição básica de qualquer língua. Ele explora, especialmente, a relação entre variação linguística e mudança. Para ele as línguas mudam porque não existem "línguas", existem "falantes" influenciados pelos fatos sociais.

MATTOSO CÂMARA Jr., Joaquim. *História e estrutura da língua portuguesa*. Rio de Janeiro: Padrão, 1975.

Segundo o filólogo Silvio Elia, esse livro de Mattoso Câmara – publicado inicialmente em inglês e traduzido pelo professor Anthony Naro, em 1972, dois anos após o falecimento do autor – tinha o objetivo pioneiro de associar a descrição gramatical à Linguística Sincrônica, descrição essa isenta de purismos e caráter normativo, mas também livre de preconceitos nativistas ou revolucionários. Para tanto sistematizou recursos sincrônicos e diacrônicos.

MOLLICA, Maria Cecília; BRAGA, Maria Luiza. (orgs.). *Introdução à sociolinguística*: o tratamento da variação. São Paulo: Contexto, 2003.

As duas linguistas da UFRJ oferecem, nesse livro, uma introdução acessível e competente da variação linguística. Observe-se que a UFRJ, desde o surgimento da variação no início da década de 1960, notabilizou-se pela divulgação e pesquisa dessa corrente de análise linguística no Brasil.

NARO, Anthony; SCHERRE, Maria Marta. "Variação e mudança linguística: fluxos e contrafluxos na comunidade de fala". *Cadernos de Estudos Linguísticos*. Campinas, v. 20, n. 9-16, jan./jun. 1991.

Os autores, sociolinguistas pioneiros no Brasil, apresentam nesse artigo uma introdução sistematizada da pesquisa linguística apoiada no modelo de variação e mudança, que tem sido hegemônico em nosso país desde seu surgimento, dando continuidade à tradição dialetológica.

RODRIGUES, Aryon Dall'Igna. *Línguas brasileiras*: para o conhecimento das línguas indígenas. São Paulo: Loyola, 1986.

Esse livro, que o autor dedica a estudiosos, ao público em geral e especialmente aos alunos indígenas, tem por objetivo divulgar, sistematicamente, conhecimentos sobre as línguas indígenas no Brasil, buscando, em especial, as relações entre elas. Todos os linguistas brasileiros das primeiras gerações tiveram Aryon Dall'Igna como professor, direta ou indiretamente. Coube a ele a tarefa de tornar conhecidas as relações entre as línguas autóctones e a difusão do português na Colônia.

SILVA NETO, Serafim da. *Introdução ao estudo da língua portuguesa no Brasil*. Rio de Janeiro: Presença, 1977 [1950].

Serafim da Silva Neto foi um precursor da Sociolinguística no Brasil, embora o termo não apareça nos seus escritos. No livro em questão, ele distingue a história interna (etimológica) e a história externa da língua, esta última trazendo dados importantes para o levantamento sociolinguístico do português no Brasil. É um livro que recomendo a qualquer estudioso que deseje iniciar suas reflexões sobre a hegemonia do português em terras brasílicas.

Referências

ACADEMIA BRASILEIRA DE LETRAS (ABL). Disponível em: <http://www.academia.com.br>. Acesso em: dez. 2022.
AGHEYISI, Rebecca; FISHMAN, Joshua. "Language Attitude Studies". *Anthropological Linguistics*. v. 12, n. 5, 1970, pp.137-57.
AMARAL, Amadeu. *O dialeto caipira*. 3. ed., São Paulo: Hucitec, 1976 [1920].
ARAÚJO, Paulo. "A hora de ensinar ortografia". *Blog da Psicologia da Educação*. Disponível em: <https://www.ufrgs.br/psicoeduc/piaget/ensinar-ortografia/>. Acesso em: set. 2023.
ATLAS REGIONAIS. *Projeto atlas linguístico do Brasil*, 2022. Disponível em < https://alib.ufba.br/atlas-regionais >. Acesso em: 5 out. 2022.
AUSTIN, John Langshaw. *How to do Things with Words*. Oxford: Oxford University Press, 1962.
_____. *How to do Things with Words:* The William James Lectures Delivered at Harvard University in 1955. 2. ed., Cambridge: Harvard University Press, 1975.
BAGNO, Marcos. *Dramática da língua portuguesa*. São Paulo: Loyola, 2000.
_____. *Norma linguística*. São Paulo: Loyola, 2001.
_____. *Dicionário crítico de sociolinguística*. São Paulo: Parábola, 2017.
BARNES, John Arundel. "Class and Committees in a Norwegian Island Parish". *Human Relations*. v. 7, n. 1, 1954 pp. 39-58.
_____. Network and Political Process. In: MITCHELL, J. C. (org.), *Social Networks in Urban Situations*. Manchester: Manchester University Press, 1969.
BELL, Allan. "Language Style as Audience Design". *Language in Society*. v. 13, 1984, pp. 145-204.
BERREMAN, Gerald Duane. "Aleut Reference Group Alienation, Mobility and Acculturation". *American Anthropologist*. v. 66, n. 2, 1964, pp. 231-50.
BLOM, Jan-Petter; GUMPERZ, John. Social Meaning in Linguistic Structures: Code-Switching in Norway. In: GUMPERZ, J.; HYMES, D. (eds.). *Directions in Sociolinguistics*. New York: Holt, Rinehart & Winston, 1972.
BLOOME, David; GREEN, Judith. "Educational Contexts of Literacy". *Annual Review of Applied Linguistics*. v. 12, 1992, pp. 49-80.
BLOOMFIELD, Leonard. *Language*. New York: Holt, Rinehart & Winston, 1933.
_____. *Language*. 20. ed. London: Cox & Wyman LTD, 1976 [1935].
BOAS, Franz. *The Mind of Primitive Man*. New York: The Macmillan Company, 1911.
_____. *Anthropology and Modern Life*. New York: W W Norton & Co Inc, 1928.
BORTONI-RICARDO, Stella Maris. *The Urbanization of Rural Dialect Speakers:* a Sociolinguistic Study in Brazil. Cambridge: Cambridge University Press, 1985.
_____. O papel do(a) interlocutor(a) no discurso: paradigmas sociolinguísticos. In: MAGALHÃES, I; LEAL, M.C. D. *Discurso, gênero e educação*. Brasília: Plano, 2003, pp. 177-86.
_____. *Educação em língua materna*: a Sociolinguística na sala de aula. São Paulo: Parábola, 2004a.
_____. Interferências da língua oral na língua escrita. In: RAMOS, W. M. (org.). *Praler: Programa de Apoio a Leitura e Escrita*, Unidade 13, FUNDESCOLA/DPE/SEIF/MEC, 2004b.

_____. O sistema alfabético: ampliando nossa percepção da relação entre sons e letras. In: RAMOS, W. M. (org.). *Praler: Programa de Apoio a Leitura e Escrita*, Unidade 13, FUNDESCOLA/DPE/SEIF/MEC, 2004c.
_____. *Nós cheguemu na escola, e agora?* São Paulo: Parábola, 2005.
_____. O estatuto do erro na língua oral e na língua escrita. In: GORSKI, E. M. COELHO, I. L. *Sociolinguística e ensino:* contribuições para a formação do professor de língua. Florianópolis: Editora da UFSC, 2006.
_____. *Alfabetização e linguagem*: da fala para a escrita 1. CFORM: Centro de Formação Continuada de Professores, Módulo 1, Fascículo 1. UnB/MEC/SEB, 2007.
_____. *O professor pesquisador*: introdução à pesquisa qualitativa. São Paulo: Parábola, 2008.
_____. *Do campo para a cidade:* estudo sociolinguístico de migração e redes sociais. São Paulo: Parábola, 2011.
_____. *Manual de sociolinguística*. São Paulo: Contexto, 2014.
_____. *Português brasileiro, a língua que falamos*. São Paulo: Contexto, 2021.
BORTONI-RICARDO, Stella Maris; MACHADO, Veruska Ribeiro; CASTANHEIRA, Salete Flôres. *Formação do professor como agente letrador.* São Paulo: Contexto, 2010.
BOURDIEU, Pierre. A economia das trocas linguísticas. In: ORTIZ, R. *Pierre Bourdieu*. São Paulo: Ática, 1983.
BRAGGIO, Sílvia Lúcia. "Situação sociolinguística dos povos indígenas do estado do Tocantins: subsídios educacionais". *Revista do Museu Antropológico*. Goiânia: UFG, v. 1, n. 1, 1992.
BRASIL. Conselho Federal de Educação (CFE). Câmara de Educação Superior (Sesu). *Parecer, n. 977, de 3 de dezembro de 1965*. Relator: Newton Sucupira.
_____. Conselho Nacional de Educação (CNE). Parecer CNE/CEB nº 6/2021. *Diretrizes nacionais orientadoras para a implementação de medidas no retorno à presencialidade das atividades de ensino e aprendizagem e para a regularização do calendário escolar.* Brasília, jul. 2021.
_____. Instituto Nacional de Estudos e Pesquisas Educacionais Anísio Teixeira (Inep). *Brasil no Pisa 2018*. Brasília: Instituto Nacional de Estudos e Pesquisas Educacionais Anísio Teixeira, 2020.
_____. Instituto Nacional de Estudos e Pesquisas Educacionais Anísio Teixeira (Inep). *Sinopse estatística da pesquisa resposta educacional à pandemia de covid-19 no Brasil*: Educação Básica. 2. ed., Brasília, DF: Inep, 2022b. Disponível em: https://download.inep.gov.br/dados_abertos/sinopses_estatisticas/sinopses_estatisticas_pesquisa_covid19_censo_escolar_2021.zip. Acesso em: 6 jan. 2025.
_____. Instituto Nacional de Estudos e Pesquisas Educacionais Anísio Teixeira (Inep). Portaria nº 578, de 30 de dezembro de 2022. Define o cronograma de atividades do Censo Escolar da Educação Básica 2023. *Diário Oficial da União*. Brasília, DF, Seção 1, 2 jan. 2023, p. 33.
_____. Instituto Nacional de Estudos e Pesquisas Educacionais Anísio Teixeira (Inep). Portaria nº 73, de 3 de fevereiro de 2023. Retifica a Portaria nº 578, de 30 de dezembro de 2022, que dispõe sobre o Cronograma do Censo Escolar da Educação Básica 2023. *Diário Oficial da União*. Brasília, DF, Seção 1, 6 fev. 2023, p. 19.
_____. Ministério da Educação. *Pisa 2018 revela baixo desempenho escolar em leitura, matemática e ciências no Brasil*. Brasília: Ministério da Educação, 2019. Disponível em: <http://portal.mec.gov.br/ultimas-noticias/211-218175739/83191-pisa-2018-revela-baixo-desempenho-escolar-em-leitura-matematica-e-ciencias-no-brasil>. Acesso em: jun. 2023.
_____. Ministério da Economia. *O Brasil na OCDE*. Brasília: Ministério da Economia, 2022. Disponível em: <https://www.gov.br/economia/pt-br/assuntos/ocde/o-brasil-na-ocde#:~:text=Embora%20n%C3%A3o%20seja%20membro%20da,a%20presen%C3%A7a%20de%20especialistas%20brasileiros.>. Acesso em: jun. 2023.
_____. Ministério da Educação. *Estudo internacional de progresso em leitura (PIRLS): apresentação*. Brasília: Ministério da Educação, 2023a. Disponível em: < https://www.gov.br/inep/pt-br/areas-de-atuacao/avaliacao-e-exames-educacionais/pirls >. Acesso em: jun. 2023.

_____. Ministério da Educação. *Sistema de avaliação da educação básica (Saeb)*. Brasília: Ministério da Educação, 2023b. Disponível em: < https://www.gov.br/inep/pt-br/areas-de-atuacao/avaliacao-e-exames-educacionais/saeb>. Acesso em: jun. 2023.

_____. Ministério da Educação. *Censo escolar*. Brasília: Ministério da Educação, 2023c. Disponível em: <https://www.gov.br/inep/pt-br/assuntos/noticias/censo-escolar/mec-e-inep-divulgam-resultados-do-censo-escolar-2023>. Acesso em: jun. 2023.

_____. *Taxas de rendimento*. QEdu, 2025. Disponível em: <https://qedu.org.br/brasil/taxas-rendimento>. Acesso em: 24 fev. 2025.

CAMBRIDGE UNIVERSITY PRESS. Word. In: *Cambridge Dictionary*. Disponível em: https://dictionary.cambridge.org/dictionary/english/word. Acesso em: 17 set. 2024.

CARVALHO, Marlene. *Alfabetizar e letrar:* um diálogo entre a teoria e a prática. Petrópolis: Vozes, 2005.

CASTANHEIRA, Salete Flôres. *Estudo etnográfico das contribuições da sociolinguística à introdução ao letramento científico no início da escolarização*. Brasília, 2007, 320 f. Dissertação (Mestrado em Educação) – Universidade de Brasília.

CASTILHO, Ataliba. *Gramática do português falado*. Campinas: Editora Unicamp/Fapesp, v. 1, 1990.

_____. *A nova gramática do português brasileiro*. São Paulo: Contexto, 2010.

CAZDEN, Courtney B. *Vygotsky, Hymes and Bakhtin*: from Word to Utterance and Voice. In: FORMAN et al. (orgs.). *Contexts for Learning*. New York: Oxford University Press, 1993, pp. 197-212.

CEDERGREN, Henrietta; SANKOFF, David. "Variable Rules: Performance as a Statistical Reflection of Competence". *Language*. v. 50, 1974, pp. 333-55.

CENSO ESCOLAR DA EDUCAÇÃO BÁSICA. *Resumo técnico - versão preliminar. Instituto nacional de estudos e pesquisas educacionais anísio teixeira | Inep*, 2023. Disponível em:<https://download.inep.gov.br/publicacoes/institucionais/estatisticas_e_indicadores/resumo_tecnico_censo_escolar_2023.pdf >. Acesso em: 24 de fevereiro de 2025.

CENTRAL Italy. *Places in the World*: Know Incredibly Places, their Stories, Mysteries, Secrets, Know the World, 2022. Disponível em: < https://www.placesintheworld.co.uk/452011948 >. Acesso em: dez. 2022.

CHAVES DE MELO, Gladstone. *A língua do Brasil*. Rio de Janeiro: Fundação Getúlio Vargas, 1971 [1946].

CHEDIAK, Antônio José. Aspectos da linguagem do espraiado. In: *Congresso brasileiro de língua falada no teatro*. v. 1, Salvador; Rio de Janeiro: MEC, 1958. pp. 321-79.

COSTA, Manoel Augusto. (org.). *Estudos de demografia urbana*. Rio de Janeiro: Ipea/Inpes, 1975.

COUTO, Hildo Honório. *Falar capelinhense*: um dialeto conservador do interior de Minas Gerais, 1997. (Apresentação de Trabalho/Comunicação).

CPLP. Comunidade dos Países de Língua Portuguesa, Disponível em: <https://www.cplp.org/>. Acesso em: jan. 2023.

CUNHA, Celso. *Gramática do português contemporâneo*. Belo Horizonte: Bernardo Alvares S. A., 1975.

_____. *Língua portuguesa e realidade brasileira*. Rio de Janeiro: Tempo Brasileiro, 1977.

DOURADO, Autran. "Língua, linguagem e poder". *Jornal do Brasil*, 7 jun., especial 198, 1981, p. 2.

DURKHEIM, Émile. *As regras do método sociológico*. 17. ed. Trad. Maria Isaura Pereira de Queiroz. São Paulo: Companhia Editora Nacional, 2002, p. 11.

ECKERT, "Penelope. Three Waves of Variation Study: the Emergence of Meaning in the Study of Sociolinguistic Variation". *The Annual Review of Anthropology*. v. 41, 2012, pp. 87-100.

ELIA, Silvio Edmundo. *Ensaios de Filologia e Linguística*. Rio de Janeiro: Grifo, 1975.

ERICKSON, Frederick. "Qualitative Methods". *Research in Teaching and Learning*. New York: Macmillan Publishing Co, v. 2. 1986.

ERICKSON, Frederick; SCHULTZ, Jeffrey. "When is a Context? Some Issues and Methods in the Analysis of Social Competence". *The Quarterly Newsletter of the Institute for Comparative Human Development.* v. 1, n. 2, 1977, pp. 5-10.

ERVIN-TRIPP, Susan. On Sociolinguistics Rules: Alternation and Co-Occurrence. In: GUMPERZ, J. J.; HYMES, D. (org.). *Directions in Sociolinguistics:* The Ethnography of Communication. New York: Holt, Rinehart and Winston, 1972.

_____. Ethnographic Microanalysis of Interaction. In: *The Handbook of Qualitative Research in Education.* New York: Academic Press, 1992, pp. 201-24.

FAORO, Raymundo. *Os donos do poder:* formação do patronato político brasileiro. Porto Alegre: Globo, 1984.

FARACO, Carlos Alberto. *História sociopolítica da língua portuguesa.* São Paulo: Parábola, 2016.

_____. *História do português.* São Paulo: Parábola, 2019.

FARIA, Ernesto Martins. "Análise: fracasso em avaliação internacional de ensino se deve à covid ou era assim antes?" *Terra.* Educar. São Paulo, 16 maio 2023. Disponível em: < https://www.terra.com.br/noticias/educacao/fracasso-em-avaliacao-internacional-de-ensino-se-deve-a-covid-ou-era-assim-antes-leia-analise,e9cae80eaad6ed533085d0bff2317c769de7dyof.html>. Acesso em: jun. 2023.

FASOLD, Ralph. *The Sociolinguistics of Society.* Oxford: Basil Blackwell, 1984.

_____. *The Sociolinguistics of Language.* Oxford: Basil Blackwell, 1990.

FERGUSON, Charles Albert. "Diglossia". *Word.* v. 15, 1959, pp. 325-40.

_____. "The Language Factor in Natural Development". *AL.* v. 4, n. 1, pp. 23-7, 1962.

FIGUEROA, Esther. *Sociolinguistic Metatheory.* New York: Pergamon, 1994.

FISHMAN, Joshua. "Bilingualism with and without Diglossia, Diglossia with and without Bilingualism". *Journal of Social Issues*, n. 23, 1967, pp. 29 -38.

_____. *The Sociology of Language.* Rowley: Newbury House, 1972.

FREYRE, Gilberto. *Sobrados e mucambos.* Rio de Janeiro: José Olympio, 1968 [1936].

GARVIN, Paul; MATHIOT, Madeleine. A urbanização da língua guarani. In: FONSECA, M. S; NEVES, M. F. (orgs.). *Sociolinguística.* Rio de Janeiro: Eldorado, 1974, pp. 119-30.

GILES, Howard; BOURHIS, Richard; TAYLOR, Donald. Towards a Theory of Language in Ethnic Group Relations. In: GILES, H. (org.). *Language, Ethnicity and Intergroup Relations.* London: Academic Press, 1977.

GOFFMAN, Erving. "Replies and Responses". *Language in Society.* v. 5, 1976, 257-313.

_____. *Forms of Talk.* Philadelphia: University of Pennsylvania Press, 1981.

_____. A situação negligenciada. In: RIBEIRO, B. T; GARCEZ, P. M. (orgs.). *Sociolinguística interacional.* São Paulo: Loyola, 2002, pp. 13-20.

GOMES, Laurentino. *1808:* como uma rainha louca, um príncipe medroso e uma corte corrupta enganaram Napoleão e mudaram a história de Portugal e do Brasil. São Paulo: Planeta do Brasil, 2007.

GONÇALVES VIANA, Aniceto dos Reis. *Estudos de fonética portuguesa.* Lisboa: Imprensa Nacional, 1973 [1883].

GOODENOUGH, Ward. Cultural Anthropology and Linguistics. In: HYMES, D. (org.). *Language in Culture and Society.* New York: Harper & Row, 1964, pp. 36-9.

_____. Rethinking Status and Role: Toward a General Model of the Cultural Organization of Social Relationships. In: BANTON, M. (org.). *The Relevance of Models for Social Anthropology.* New York: Praeger, 1965, pp. 1-24.

GOULART, Maurício. *A escravidão africana no Brasil.* São Paulo: Alfa Ômega, 1975.

GRICE, Paul. Meaning. *Philosophical Review.* v. 66, n. 3, 1957, pp. 377-88.

_____. Logic and Conversation. In: COLE, P.; MORGAN, J. L. (orgs.). *Syntax and Semantics.* v. 3, New York: Academic Press, 1975.

GUIMARÃES, Lytton Leite. "Network Analysis: an Approach to the Study of Communication Systems". *Technical Report 12.* Michigan: Department of Communication, Michigan State University, 1970.

GUMPERZ, John Joseph. "Linguistic and Social Interaction in Two Communities". *American Anthropologist*. v. 66, n. 2, 1964, pp. 37-53.
_____. Sociolinguistics and Communication in Small Groups. In: PRIDE, J. B.; HOLMES, J. (orgs.). *Sociolinguistics*. Harmondsworth: Penguin, 1972.
_____. "The Sociolinguistic Significance of Conversational Code-Switching". *Working Paper 46*. Berkeley: Language Behavior Research Laboratory, 1976.
_____. The Sociolinguistic Basis of Speech Act Theory. In: BOYD, J.; FERRARA, S. (eds.). *Speech Act Ten Years After*. Milan: Versus, 1979.
_____. *Discourse Strategies*. Cambridge: Cambridge University Press, 1982a.
_____. *Language and Social Identity*. Cambridge: Cambridge University Press, 1982b.
_____. El significado de la diversidad lingüística y cultural en un contexto post-moderno. In: MUÑÕZ, H.; LEWIN, P. F. (org.). *Investigaciones Lingüísticas 2*. Ciudad del México: UAM/INAH, 1996, pp. 33-47.
GUMPERZ, John; COOK-GUMPERZ, Jenny. Introduction: Language and the Communication of Social Identity. In: GUMPERZ, J. (org.). *Language and Social Identity*. Cambridge: Cambridge University Press, 1982, pp. 1-21.
GUY, Gregory. Variation in the Group and the Individual: the Case of Final Stop Deletion. In: LABOV, W. *Locating Language in Time and Space*. New York: Academic Press, 1980.
_____. *Linguistic Variation in Brazilian Portuguese:* Aspects of the Phonology, Syntax and Language History. Philadelphia, 1981, (Tese) – University of Pennsylvania.
HAMMERSLEY, Martyn; ATKINSON, Paul. *Ethnography Principles in Practice*. New York: Routledge, 1989 [1983].
HARTIG, Matthias. "Macrosociolinguistics". *Annual Review of Applied Linguistics*. v. 1, 1980, pp. 168-80.
HAUGEN, Einer. *Language, Conflict and Language Planning:* the Case of Modern Norwegian. Cambridge: Harvard University Press, 1966.
_____. Dialect, Language, Nation. *American Anthropologist*. v. 68, n. 4, 1966, pp. 922-35.
_____. Dialect, Language, Nation. In. PRIDE, J. B.; HOLMES, J. *Sociolinguistics*. England: Penguin Education, 1972.
_____. Dialeto, língua, nação. In: BAGNO, Marcos (org.). *Norma linguística*. São Paulo: Loyola, 2001, pp. 97-114.
HISTÓRIA. *Embaixada de Portugal no Brasil*. [s.d.]. Disponível em: < https://brasilia.embaixadaportugal.mne.gov.pt/pt/sobre-portugal/historia >. Acesso em: jan. 2023.
HOCKETT, Charles. *A Course in Modern Linguistics*. New York: Macmillan, 1958.
HOUAISS, Antônio. *O português no Brasil*. Rio de Janeiro: Unibrade – Centro de Cultura, 1985.
HUEBNER, Thom. *Sociolinguistic Perspectives:* Papers on Language in Society, 1959-1994. USA: Oxford University Press, 1999.
HUGHES, James. *A filosofia da pesquisa social*. Rio de Janeiro: Zahar, 1980.
HYMES, Dell. *Foundations in Sociolinguistics:* An Ethnographic Approach. Philadelphia: University of Pennsylvania Press, 1974.
INSTITUTO BRASILEIRO DE GEOGRAFIA E ESTATÍSTICA (IBGE). *Censo Brasileiro de 2010*. Rio de Janeiro: IBGE, 2012.
INSTITUTO NACIONAL DE ESTUDOS E PESQUISAS EDUCACIONAIS ANÍSIO TEIXEIRA (Inep). *Relatório Brasil no Pisa 2018*. Brasília: MEC, 2020.
_____. *Saeb 2021:* PressKit, 2021. Brasília: MEC, 2021.
_____. *Brasil no PIRLS 2021:* sumário executivo 2023. Brasília: MEC, 2023a.
_____. *Censo Escolar da Educação Básica:* resumo técnico 2022. Brasília: MEC, 2023b.
JAKOBSON, Roman. *Fundamentals of Language*. California: Mouton & Co's-Gravenhage, 1956.
_____. *Six Lectures on Sound and Meaning*. Cambridge: MIT Press, 1978.
KANT, Immanuel. *Kritik der Reinen Vernunft*. Prússia: Frankfurt e Leipzig, 1781.
KISSINE, Mikhail. Constative speech acts. In: *From Utterances to Speech Acts*. Cambridge: Cambridge University Press, 2013, pp. 61-101.

KOCH, Ingedore Grünfeld Villaça et al. Aspectos do processamento do fluxo de informação no discurso oral dialogado. In: CASTILHO, A. T. (org.). *Gramática do português falado*. v. 1: A ordem. Campinas: Editora da Unicamp/Fapesp, 1990, pp. 143-84.
LABOV, William. *The Social History of a Sound Change on the Island of Martha's Vineyard, Massachusetts*. Columbia University, 1962.
_____. "The Social Motivation of a Sound Change". *Word*. New York. v. 19, n. 3, 1963, pp. 273-309.
_____. "The Effect of Social Mobility on Linguistic Behavior". *Sociological Inquiry*. v. 36, 1966, pp. 186-203.
_____. *Sociolinguistic Patterns*. Philadelphia: University of Pennsylvania Press, 1972a.
_____. *Language in the Inner City:* Studies in the Black English Vernacular. Philadelphia: University of Pennsylvania Press, 1972b.
_____. Empirical Foundations of Linguistic Theory. In: AUSTERLITZ, R. (org.). *The Scope of American Linguistics*. Lisse: Peter de Ridder Press, 1975, pp. 77-134.
_____. "Are Black and White Vernaculars Diverging?" *American Speech*. v. 62, n. 1, 1987, pp. 5-12.
_____. *Principles of Linguistic Change*. v. 1: External Factors. Oxford: Blackwell, 1992.
_____. *Padrões sociolinguísticos*. Trad. Marcos Bagno; Maria Marta Scherre; Caroline R. Cardoso. São Paulo: Parábola, 2008.
LABOV, William; SANKOFF, Gillian. Preface. In: LABOV, W. (org.). *Locating Language in Time and Space*. New York: Academic Press, 1980.
LAKOFF, Robin. The Logic of Politeness; or Minding your P's and Q's. In: CORUM et al. (orgs.). *Papers from the Ninth Regional Meeting*. Chicago: Chicago Linguistic Society, 1973.
LE PAGE, Robert. "Projection, Focusing and Diffusion". *York Papers in Linguistics*. v. 9, 1980.
LÍNGUAS DO BRASIL. *WIKIPÉDIA*: a enciclopédia livre. Flórida: Wikipedia Foundation, 2021. Disponível em: <https://pt.wikipedia.org/w/index.php?title=L%C3%ADnguas_do_Brasil&oldid=61812351>. Acesso em: 26 ago. 2021.
LUCCHESI, Dante. *O português afro-brasileiro*. Bahia: SciELO – EDUFBA, 2009.
_____. Aspectos gramaticais do português brasileiro afetados pelo contato entre línguas: uma visão de conjunto. In: RONCARATI, C.; ABRAÇADO, J. (orgs.). *Português brasileiro II*: contato linguístico, heterogeneidade e história. Niterói: EdUFF, 2008.
MACHADO, Veruska Ribeiro. *Práticas escolares de leitura:* relação entre a concepção de leitura do Pisa e as práticas da escola. Brasília, 2010. Tese (Doutorado em Educação) – Programa de Pós-Graduação em Educação, Faculdade de Educação, UnB.
_____. Compreensão leitora no Pisa e práticas escolares de leitura. Brasília: Liber Livros UnB, 2012.
MAGALHÃES, Izabel. *As múltiplas faces da linguagem*. Brasília: Editora UnB, 1996.
MATTOSO CÂMARA Jr., Joaquim. *Princípios de linguística geral como fundamento para os estudos superiores da língua portuguesa*. Rio de Janeiro: Briguiet, 1941.
_____. *Para o estudo da fonêmica portuguesa*. Rio de Janeiro: Organização Simões, 1953.
_____. *Dicionário de linguística*. Petrópolis: Vozes, 1956.
_____. *Estrutura da língua portuguesa*. Petrópolis: Vozes, 1970.
_____. *Problemas de linguística descritiva*. 5. ed. Rio de Janeiro: Vozes, 1971.
_____. *Dispersos*. Rio de Janeiro: Fundação Getúlio Vargas, 1972.
_____. *História e estrutura da língua portuguesa*. Rio de Janeiro: Padrão, 1975.
MELO, Djalma C. Atitudes linguísticas com relação a sotaques regionais no Brasil. In: BORTONI-RICARDO, S. M.; VELLASCO, A. M.; FREITAS, V. A. (orgs.). *O falar candango:* análise sociolinguística dos processos de difusão e focalização dialetais. Brasília: UnB, 2010, pp. 33-63.
MELO, Maria Verúcia de Souza. *A formação de professores de português como segunda língua:* uma proposta interventiva no contexto multicultural e plurilinguístico de Cabo Verde. Brasília, 2021. Tese (Doutorado em Linguística) –Programa de Pós-Graduação em Linguística, Instituto de Letras, UnB.

MERRIAM-WEBSTER. 2022. Disponível em: <http://www.merriam-webster.com/>. Acesso em: 11 abr. 2025.
_____. *How Many Words Are There in English?* 2022. Disponível em: <https://www.merriam-webster.com/help/faq-how-many-english-words>. Acesso em: 13 out. 2022.
MICHAELIS. *Moderno dicionário da língua portuguesa*. São Paulo: Melhoramentos, 1998, 2259 p.
MILROY, Lesley. *Language and Social Networks*. Oxford: Basil Blackwell, 1980.
MIMOSO, Juan Sardina. *Relación de la real tragicomedia con que los padres de la Compañia de Jesus recibieron a la magestad católica de Filipe II*, fls. 58r e 58v, 61r e 61v, 62r e 62v, 63r, 1620.
MOLLICA, Maria Cecília. Introdução à sociolinguística variacionista. In: *Cadernos Didáticos*. Rio de Janeiro: UFRJ, 1992.
_____. Redes sociais em grandes cidades. In: *Boletim da Abralin*, Rio de Janeiro, 1994, pp. 78-269.
MOLLICA, Maria Cecília; BRAGA, Maria Luiza. (orgs.). *Introdução à sociolinguística:* o tratamento da variação. São Paulo: Contexto, 2003.
MORAIS, Artur. *O aprendizado da ortografia*. São Paulo: Autêntica, 2007.
_____. *Ortografia:* ensinar e aprender. São Paulo: Ática, 2010.
NARO, Anthony. "The History of e and o in Portuguese: A Study in Linguistic Drift". *Language*. v. 47, n. 3, 1971, pp. 615-45.
_____. "Review Article on Linguistic Variation: Models and Methods". *Language*. v. 56, 1980, pp. 158-70.
_____. "The Social and Structural Dimensions of a Syntactic Change". *Language*. v. 57, n. 1, 1981, pp. 63-98.
NARO, Anthony; LEMLE, Miriam. "Syntactic Diffusion". *Ciência e Cultura*. v. 29, 1976, pp. 259-68.
NARO, Anthony; SCHERRE, Maria Marta. "Variação e mudança linguística: fluxos e contrafluxos na comunidade de fala". *Cadernos de Estudos Linguísticos*. Campinas, v. 20, jan./jun., 1991, pp. 9-16.
_____. *Origens do português brasileiro*. São Paulo: Parábola, 2007.
NASCENTES, Antenor. *A gíria brasileira*. Rio de Janeiro: Livraria Acadêmica, 1953.
_____. *Bases para a elaboração do atlas linguístico do Brasil*. MEC: Casa de Rui Barbosa, v. 1, 1958.
OCDE. *Programme for International Student Assessment*. Paris: OEDC, 2023. Disponível em: <https://www.oecd.org/pisa/>. Acesso em: jun. 2023.
PENHA, João Alves Pereira. *Nos domínios da língua portuguesa*. Minas Gerais: Tipografia Fênix, 1959.
PEREIRA DE QUEIROZ, Maria Isaura. *Cultura, sociedade rural, sociedade urbana no Brasil*. Rio de Janeiro: Livros técnicos e científicos. São Paulo: Edusp, 1978.
PHILIPS, Susan. Participant Structures and Communicative Competence: Warm Springs Children in Community and Classroom. In: CAZDEN, C.; JOHN, V.; HYMES, D. (orgs.). *Functions of Language in the Classroom*. New York: Teachers College Press, 1972.
PIKE, Kenneth Lee. *The Intonation of American English*. Ann Arbor: University of Michigan Press, 1945.
REY, Alain. "Usages, Jugements et Prescriptions Linguistiques". *Langue Française*. Paris: Larousse, v. 16, 1972, pp. 4-28.
RIVIÈRE, Jean-Philippe. *Illettrisme*: La France Cachée. Paris: Gallimard, 2001.
ROCHA, Carlos. O som das letras c, g e s em latim e português. *Ciberdúvidas da Língua Portuguesa*. Sorocaba, 27 fev. 2013. Disponível em: < https://ciberduvidas.iscte-iul.pt/consultorio/perguntas/o-som-das-letras-c-g-e-s-em-latim-e-portugues/32214>. Acesso em: jul. 2023.
RODRIGUES, Amália. *Nem às paredes confesso*. Portugal: Columbia, 1969, pp. 3-35.
RODRIGUES, Aryon Dall'Igna. Problemas relativos à descrição do português contemporâneo como língua padrão no Brasil. *I Simpósio Luso-Brasileiro sobre a Língua Portuguesa Contemporânea*. Coimbra, 1967.
_____. *Línguas brasileiras*: para o conhecimento das línguas indígenas. São Paulo: Loyola, 1986.
ROMAINE, Suzanne. *Bilingualism*. Oxford: Blackwell Publishers, 1989.
ROSSI, Nelson. *Atlas prévio dos falares baianos*. Rio de Janeiro: INL, 1963.
SACKS, Harvey; SCHEGLOFF, Emanuel; JEFFERSON, Gail. "A Simplest Systematics for the Organization of Turn-Taking for Conversation". *Language*. v. 50, n. 4, 1974, pp. 696-735.

SAID ALI, Manuel. *Gramática secundária e gramática histórica da língua portuguesa.* Brasília: Editora Universidade de Brasília, 1964 [1931].
SAPIR, Edward. *Language:* An Introduction to the Study of Speech. San Diego: Harcourt, 1921.
SAUSSURE, Ferdinand de. *Cours de Linguistique Générale.* Paris: s.e.,1949.
SAVILLE-TROIKE, Muriel. *The Ethnography of Communication*: An Introduction. Oxford: Basil Blackwell, 1982.
SCHIFFRIN, Deborah. *Discourse Markers.* Cambridge: Cambridge University Press, 1987.
SCLIAR-CABRAL, Leonor. *Princípios do sistema alfabético do português do Brasil.* São Paulo: Contexto, 2003.
SHAW, Marvin; WRIGHT, Jack Mason. *Scales for the measurement of attitudes.* New York: McGraw Hill, 1967.
SEARLE, John R. *Speech Acts*: An Essay in the Philosophy of Language. Cambridge: Cambridge University Press, 1978.
SILVA, Maria do Socorro Pimentel da. *A situação sociolinguística dos karajá de Santa Isabel do Morro e Fontoura.* Dados internacionais de catalogação da biblioteca "Curt Nimuendajú". FUNAI, 2001.
SILVA NETO, Serafim da. *Introdução ao estudo da língua portuguesa no Brasil.* Rio de Janeiro: Presença, 1977 [1950].
SINCLAIR, John McHardy; COULTHARD, Richard Malcolm. *Towards an Analysis of Discourse.* London: Oxford University Press, 1975.
SOUSA, Bernardo Vasconcelos. Idade Média (séculos XI-XV). In: RAMOS, R. SOUSA, B. V; MONTEIRO, N. G. *História de Portugal.* v. 2, 2009, pp. 15-196.
SOUSA, Maria Alice Fernandes de. *Da oralidade à escrita:* o perfil sociolinguístico como processo de início de produção da escrita escolar. 2004. Dissertação (Mestrado em Educação) – Universidade de Brasília.
SOUSA DA SILVEIRA, Álvaro Ferdinando de. *Lições de português.* Rio de Janeiro: Livros de Portugal, 1964 [1923].
SOUTHALL, Aidan. (org.). *Urban Anthropology.* London: Oxford University Press, 1973.
TEIXEIRA, José Aparecido. "O falar mineiro". *Revista do Arquivo Púbico Municipal.* v. 45, São Paulo, 1938.
_____. *Estudos de dialectologia portuguesa:* a linguagem de Goiás. São Paulo: Anchieta, 1944.
TOKARNIA, Mariana. Um em cada quatro brasileiros não tem acesso à internet, mostra pesquisa. *Agência Brasil.* Brasília, 29/4/2020. Disponível em: <https://agenciabrasil.ebc.com.br/economia/noticia/2020-04/um-em-cada-quatro-brasileiros-nao-tem-acesso-internet>. Acesso em 7 maio 2021.
TRUDGILL, Peter. "Linguistic Change and Diffusion: Description and Explanation in Sociolinguistic Dialect Geography". *Language in Society.* v. 2, 1974, pp. 215-46.
_____. *Sociolinguistics*: An Introduction to Language and Society. London: Penguin Books, 1983.
_____. *Dialects in Contact.* Oxford: Blackwell, 1986.
TUPIS. In: *WIKIPÉDIA*: a enciclopédia livre. Flórida: Wikipedia Foundation, 2023. Disponível em: <https://pt.wikipedia.org/w/index.php?title=Tupis&oldid=65057592>. Acesso em: 8 jan. 2023.
VASCONCELOS, José Leite de. *Esquisse d'une Dialectologie Portugaise.* Lisboa: Centro de Estudos Filológicos, 1970 [1901].
WAGNER, Laura. CLOPPER, Cynthia; PATE, John. "Children's Perception of Dialect Variation". *Journal of Child Language.* v. 41, n. 5, 2013, pp. 1062-84.
WEINREICH, Uriel. *Languages in Contact.* The Hague: Mouton, 1953.
_____. "Is a Structural Dialectology Possible?" *Word.* v. 10, 1954, pp. 388-400.
WILLIAMS, Yolanda. Sapir-Whorf Hypothesis: Examples and Definition. *Study.com.* 4 nov. 2015. Academy. Disponível em: <https://study.com/academy/lesson/sapir-whorf-hypothesis-examples-and-definition.html >. Acesso em: 13 out. 2022.
WOOD, David; BRUNER, Jerome; ROSS, Gail. "The Role of Tutoring in Problem Solving". *Journal of Child Psychiatry and Psychology.* v. 17, 1976 pp. 89-100.
YAGUELLO, Marina. *Catalogue des Idées Reçues sur la Langue.* Paris: Le Seuil, 1988.

Índice remissivo

A

Abordagem diafásica 81
Abordagem diatópica 81 e 133
Acordo Ortográfico 96, 123 e 134
Agência humana 50, 63 e 128
Alfabetismo 29
Alternância de códigos 85
Amostra de julgamento 46 e 48
Análise contextual 23
Análise da Conversação 13, 27, 39, 49, 50, 62, 63 e 120
Análise Crítica da Linguagem 45 e 128
Análise de redes 83, 122 e 133
Análise do Discurso 7, 75 e 93
Análises léxico-semânticas 76
Análises sociolinguísticas quantitativas 76, 93, 121 e 131
Antroponímia 32
Aquisição da competência comunicativa 99
Aquisição da linguagem 9 e 12
Aquisição de língua segunda 29
Arquipélago de Cabo Verde 21
Atitude linguística 29
Atlas dialetológico 14
Ato constativo 52 Ato de fala 22, 24, 52, 53, 54, 55, 67, 70, 115 e 129
Ato ilocucionário 52, 55, 56, 57, 59, 60, 62, 63 e 129
Ato locucionário 52, 53, 63 e 129
Ato performativo 52, 63, 120 e 129
Ato perlocucionário 52 e 63
Avaliação linguística 19 e 24

B

Batalha de São Mamede 36
Bilinguismo 7, 11, 12, 20, 21, 25, 30, 39, 119 e 125
Bilinguismo no Paraguai 12 e 21

C

Caipira 14, 15, 32, 40 e 100
Certeza metódica 41, 47 e 127
Certeza sensível 41, 47 e 127
Ciclo do gado 32 e 40
Ciclo do ouro 32 e 40
Ciências Humanas 42
Ciências Sociais 41, 47, 49 e 63
Círculo Linguístico de Praga 11, 119 e 125
Code-switching 16, 49 e 63
Codificação 18, 19, 24, 105 e 125
Código linguístico 16, 17 e 18
Código padrão 20 e 24
Colonização portuguesa 31
Companhia de Jesus 33
Competência comunicativa 9, 15, 76, 94, 99, 107, 121 e 135
Complexidade das línguas 11 e 29
Compreensão leitora 86, 94 e 122
Comunidade de fala 18, 19, 21, 27, 44, 68 e 104
Comunidade dos Países de Língua Portuguesa (CPLP) 38
Comunidades rurais 31 e 80
Concentração demográfica 29
Contato de línguas 31
Contínuo de acesso à internet 80
Contínuo de monitoração estilística 80 e 132
Contínuo de oralidade e letramento 80
Contínuo de urbanização 80 e 132
Crioulização 31 e 126
Crioulo de base portuguesa 31
Cultura 9, 10, 11, 12, 16, 24, 29, 33, 40, 50, 52, 68, 76, 80, 83, 85, 93, 95, 101, 106, 121, 122, 131, 133 e 135

D

Decoração facial 23, 28 e 39
Dêiticos 45
Descriolização 79 e 131
Dialeto 7, 10, 11, 12, 14, 15, 16, 17, 18, 19, 20, 23, 24, 29, 32, 40, 49, 96, 101, 102, 110, 119, 122, 125, 135 e 137
Dialeto caipira 14, 15 e 40
Dialeto vernacular 18

Dialetologia 10, 13, 14, 16, 51, 63, 79, 120, 128 e 132
Dialetologia estrutural 51, 63, 120 e 128
Dialetologia regional 79 e 132
Dicotomia saussuriana 47
Diferenças dialetais 29, 101 e 135
Difusão da mídia 33
Diglossia 7, 11, 18, 20,21,24, 25, 29, 30, 39, 67, 119, 125 e 126
Dimensão sociossimbólica 28
Distorção idade-série 90, 91 e 134

E

Educação bilíngue 21
Empirismo 41
Epistemologias científicas 41
Escravos 31, 32 e 39
Estilos alto e baixo 18
Estratégias discursivas 22, 47 e 128
Estratificação 33, 40, 46, 80, 82, 131 e 132
Estratificação abrupta 80 e 132
Estratificação gradual 80 e 132
Estruturas de participação 44
Estudo da variação 20 e 48
Estudo de atitudes 29 e 39
Estudo de redes 84, 85 e 94
Estudo Internacional de Progresso em Leitura (PIRLS) 7, 85, 86, 94, 122, 125 e 133
Estudos dialetológicos 15 e 82
Estudos interculturais 10
Estudos interétnicos 10
Estudos quantitativos 43
Etnografia 7, 21, 23, 25, 43, 47, 49, 50, 62, 63, 65, 66, 68, 69, 70, 71, 72, 73, 76, 93, 120, 121, 125, 128, 129, 130 e 131
Etnografia da Comunicação 21, 25, 43, 50, 63, 66 e 68
Etnografia da Educação 68, 69, 70, 73 e 121
Etnografia de sala de aula 76, 93, 121 e 131
Etnometodologia 39, 49, 62, 66, 73 e 120
Evento 22, 24, 28, 44, 45, 47, 48, 49, 59, 60, 61, 62, 70, 71, 81, 82, 83, 94, 119, 121, 122, 126, 127, 130, 132 e 133
Evolução das línguas 38
Êxodo rural 33
Explicações causais 43
Exposição à mídia 82, 83, 94, 122 e 133

F

Falar brasiliense 29, 39 e 119
Fato social 9, 15, 104, 105, 123 e 136
Fatores 13, 23, 29, 30, 33, 40, 43, 44, 46, 50, 79, 84, 119, 126, 127, 128 e 132
Fatores etnográficos 43 e 127
Fatores externos 30
Fatores sociais 43, 46 e 127
Fatores sociodemográficos 43 e 127
Fenômeno linguístico 43
Fenomenologia 51, 63, 66 e 73
Fenômenos prosódicos 23
Filosofia da Linguagem 54, 63 e 129
Fonema 46, 95, 98, 102, 103, 104, 105, 106, 107, 109, 110, 111, 112, 113, 115, 116, 117, 123, 124, 137 e 138
Fonologia do português brasileiro 15
Footing ou alinhamento 12, 49, 50, 63, 120 e 128
Força ilocucionária 7, 49, 52, 53, 55, 62, 63, 64 e 120
Força locucionária 53 e 73
Forma e função 7, 18 e 24
Fronteira linguística móvel 32, 40 e 126
Fronteiras dialetais 19 e 24
Função de elaboração 19

G

Gramática Comparativa 24
Grau de padronização 20 e 24
Grupo de referência 51, 120 e 128
Guarani 11 e 21

H

Herança aristotélica 41
Hermenêutica 41, 47, 66 e 73
Hipercorreções 77, 93, 115 e 138
Hipótese Sapir-Whorf 10, 11 e 119
História de Portugal 34

I

Identidade social 16, 22, 49, 50, 62, 120 e 128
Ideologia de prestígio 85
Iídiche 13
Império Romano 19, 34 e 126
Índice de Desenvolvimento da Educação Básica (Ideb) 7, 89, 91, 92, 93, 94, 122, 125 e 134

Indução analítica 77 e 131
Industrialização 33
Instituto Brasileiro de Geografia e Estatística (IBGE) 33, 34, 96 e 106
Instituto Nacional de Estudos e Pesquisas Educacionais Anisio Teixeira (Inep) 89 e 134
Intenção reflexiva 57 e 58
Interacionismo simbólico 66 e 73
Interações pessoais 28
Interações verbais 27, 39, 40 e 119
Interlíngua 31
Interlocutor imediato 52
Interpretação 22, 49, 66, 67, 68, 71, 73, 98, 131 e 135
IRA 45 e 127
Isoglossas 19
Itens lexicais 32

J
Jesuítas 33 e 40

L
Language History 78
Latim 7, 17, 18, 19, 24, 30, 34, 37, 38, 40, 79, 107 e 126
Latim Clássico 7, 34, 40, 107 e 126
Latim vulgar 7, 34, 40, 107 e 126
Língua crioula 31, 78, 126 e 131
Língua e dialeto 7, 17, 18, 24 e 119
Língua e fala 9, 15 e 47
Língua e pensamento 10
Língua escrita 41, 81, 85, 98, 102, 105, 106, 107, 119, 123 e 127
Língua geral 31, 32, 40 e 126
Língua minoritária 29, 30, 38, 39 e 123
Língua neolatina 34
Língua padrão 18, 20, 45, 79, 122 e 133
Língua padronizada 12
Língua portuguesa 7, 14, 15, 29, 31, 32, 38, 39, 89, 96, 97, 101, 126, 127 e 133
Língua principal 38
Língua românica 37, 38 e 79
Língua românica vernácula 37 e 38
Língua segunda 29, 39 e 127
Língua vernácula 37 e 38
Linguagem e etnia 21

Linguagem em sala de aula 44
Linguagem empirista de variáveis 43
Linguagem oral 17 e 98
Línguas aborígenes 20 e 21
Línguas ágrafas 20, 24 e 125
Línguas ameríndias 10 e 14
Línguas autóctones 31
Línguas brasileiras 30 e 32
Línguas independentes 30
Línguas nacionais 79 e 132
Línguas padronizadas 20 e 24
Línguas pidgins 25
Línguas vernáculas 21
Linguistic Variation in Brazilian Portuguese 78
Linguística 7, 9, 10, 11, 12, 14, 15, 17, 18, 19, 20, 21, 22, 24, 25, 27, 29, 30, 32, 39, 40, 43, 44, 45, 46, 47, 48, 49, 50, 51, 52, 57, 66, 73, 75, 76, 79, 81, 82, 84, 93, 96, 97, 101, 105, 106, 119, 125, 126, 128, 129, 132, 133 e 135
Linguística Aplicada 7, 75, 93 e 125
Linguística contemporânea 47
Linguística do Texto 7, 75 e 93
Linguística Estruturalista 12 e 47
Linguística moderna 9 e 15
Lógica de estímulo e resposta 65
Lógica de falsificação ou de dedução hipotética 42

M
Macroestruturas 51
Macrossociolinguística 11, 27, 29, 39, 40, 83 e 126
Marcadores discursivos 45
Marquês de Pombal 33 e 40
Martha's Vineyard 46, 48 e 128
Matriz social 69 e 72
Máximas de Grice 57 e 129
Metalinguagem 22, 25 e 126
Metamensagem 49, 63 e 120
Método heurístico 22, 25, 49 e 62
Metodologia básica 84
Metodologia dos contínuos 7, 79 e 94
Metodologia etnográfica colaborativa 69
Metodologia tagmêmica 12
Métodos naturalistas 66

Métodos quantitativos 65
Microetnografia 23
Microssociolinguística 40, 83 e 126
Mobilidade espacial 82, 94, 122 e 133
Modo urbano de vida 33
Monarquia portuguesa 38
Monitoração estilística 49, 80, 81, 94, 122 e 132
Monolinguismo 29
Morte de línguas 30, 39 e 119
Mudança de código 12, 16, 27, 39, 45, 119, 120 e 127
Mudança de estilos 49
Mudança linguística 10, 20, 21, 29, 30, 40, 46 e 125
Mudança social 45
Multilinguismo 21, 31, 96, 123 e 134

N

Napoleão 15 e 33
Nasalização 103
Naturalismo 66, 73 e 130
Negativas proposicionais 56
Neologismo 62 e 63
Norma 10, 16, 18, 19, 24, 27, 38, 44, 50, 67, 68, 73, 81, 100, 102, 104, 105, 106, 122, 128 e 130
Notas de campo 77, 78 e 93

O

OCDE 87, 88 e 122
Oralidade secundária 44
Ordem social 50
Organização de eventos e ações 70 e 121
Ortodoxia positivista 42
Ortoépia 19, 24 e 125
Ortografia 19, 24, 75, 95, 96, 102, 105, 106, 115, 123, 125, 134, 135, 136 e 137

P

Padrões de planejamento 27
Padrões de povoamento 30
Padronização 7, 12, 19, 20, 21, 24, 25, 30, 39, 95, 119, 123, 125 e 126
Padronização de língua 7, 30, 39 e 119
Papa Clemente 33
Papel social 9, 28, 68 e 125

Paradigma de base fenomenológica 49, 120 e 128
Paradigma naturalista 73 e 130
Paradigma positivista 41, 42, 65, 73, 119 e 127
Paradigma quantitativo 41
Particularismo histórico 10
Pedagogia culturalmente sensível 93, 122 e 134
Pedagogia da variação linguística 76
Península ibérica 36, 38 e 127
Pensamento científico 42
Percepção objetiva 41 e 47
Performativos clássicos 52
Período feudal 37
Período getulista 34
Perspectiva quantitativa ou positivista 42
Pesquisa colaborativa 71, 121 e 131
Pesquisa estatística 89
Pesquisa estrutural 20 e 25
Pesquisa etnográfica 69
Pesquisa gerativista 44
Pesquisa quantitativa 44
Pesquisa social 65, 66 e 130
Pesquisa sociodemográfica 43
Pesquisas sociolinguísticas 75 e 79
PIRLS 7, 85, 86, 94, 122, 125 e 133
Pisa 7, 87, 88, 94, 122, 125, 133 e 134
Pistas de contextualização 23
Planejamento linguístico 21
Plano Nacional de Educação (PNE) 90 e 134
Política do idioma 15
Política linguística 29
População rural 34
População urbana 33, 34, 40 e 126
Português brasileiro 14, 15, 78, 80, 81, 94, 95, 103, 110, 111, 116, 117, 124, 126, 132 e 133
Português brasileiro não padrão 78 e 126
Positivismo 41, 42, 47, 65, 66 e 127
Pós-positivismo 42, 47 e 127
Pragmática 7, 21, 25, 49, 50, 60, 75, 93, 120 e 125
Práticas comunicativas 22
Práticas verbais 22
Predicação 55
Preservação de falares regionais 32
Prestígio 12, 19, 29, 30, 33, 37, 80, 85, 105 e 126

Princípio da reflexividade 65, 73, 120 e 129
Princípio de Cooperação 23 e 25
Princípio de *expressabilidade* 62 e 129
Procedimentos analíticos 78 e 122
Processo conversacional 50 e 128
Processo de padronização 20, 39, 95, 123 e 126
Processo glotofágico 29 e 39
Processos comunicativos 9
Processos sociais 43, 65, 73 e 121
Produções poéticas e oratórias 34
Programa internacional de avaliação estudantil 87
Proxêmica 23, 28, 39, 40 e 126
Psicologia Social 84, 122 e 133

Q

Quantitativo lexical 10 e 101

R

Razão analítica 43
Realidade social 13, 18 e 23
Recurso comunicativo 51, 120 e 128
Recursos estatísticos 42
Recursos fáticos 23
Recursos suprassegmentais 22
Rede de fala 27
Rede social 84, 85 133
Rede social uniplex 85 e 133
Redes de comunicação 12
Redes multiplex 85
Redes sociais 7, 13, 68, 81, 83, 84, 94, 122, 130 e 133
Refonologização 32
Regiões latino-americanas 32
Regra variável 7, 42, 43, 48, 79, 94, 99, 119, 127, 132 e 135
Regras constitutivas 56 e 129
Regras de concordância verbal e nominal 32
Regras de escrita 19
Regras de polidez 23 e 126
Regras de pronúncia 19
Regras proposicionais 55
Regras regulativas 56 e 129
Regras variáveis 47, 79, 98, 99, 107 e 135
Relação causal 42, 43 e 127
Relação de autoridade 60

Relações de poder 40, 50 e 52
Relações pessoais 28, 39 e 84
Relações sociais 28, 40, 51, 83, 84 e 122
Relativismo cultural 10, 101, 107, 123 e 135
Relíquias lexicais 46
Rendimento escolar 90 e 91
Rigidez do código 18
Rotinas interativas 70 e 73

S

Salas multiétnicas 29
Segmento demográfico 32
Semântica 49, 50 e 63
Semântica Cognitiva 50 e 63
Semiótica 11
Senso comum 42, 66, 69, 73, 121, 127 e 130
Significado não natural 57
Significados referenciais 22, 49 e 62
Significados referenciais e sócio-pragmáticos 22, 49 e 62
Significados sociais 45, 66, 73 e 121
Simulações experimentais 65
Sincronia e diacronia 9, 16 e 119
Sintaxe 32
Sistema de Avalição da Educação Básica (Saeb) 89, 91, 122 e 134
Sistema gráfico 75
Sistema morfológico flexional 32
Sistema semiótico 45 e 128
Situação linguística 39, 52 e 96
Sociedade contemporânea 42
Sociolinguística 7, 9, 10, 11, 13, 15, 16, 17, 20, 21, 22, 23, 24, 25, 27, 29, 30, 40, 41, 43, 45, 47, 49, 50, 51, 52, 62, 69, 73, 75, 76, 77, 78, 79, 93, 94, 95, 97, 99, 104, 105, 107, 119, 120, 121, 122, 123, 125, 126, 127, 128, 131, 132 e 136
Sociolinguística Educacional 7, 30, 69, 75, 76, 77, 93, 99, 119, 121, 122, 123, 125 e 131
Sociolinguística Interacional 7, 13, 22, 49, 50, 62, 120 e 126
Sociolinguística Variacionista 7, 13, 22, 23, 41, 43, 47, 50, 79, 119, 120, 127 e 132
Sociologia comtiana 47 e 128
Sociologia da Linguagem 21, 27 e 39
Sociologia da Reprodução 51, 63, 120 e 129
Sociologia das relações de poder 52

Sociometria 84, 94, 122 e 133
Sotaques brasileiros 29
Subasserções 69, 73 e 77
Sufixos flexionais 79 e 132
Suprassegmentais 22, 23 e 102

T

Tarefas comunicativas 22, 76 e 102
Técnica de nomeação 84, 94 e 133
Tecnologia 10 e 33
Teoria da comunicação 11 e 125
Teoria dos atos de fala 7 e 63
Teorias científicas 66 e 130
Teóricos da ação ou conflito 50 e 120
Teóricos da ordem 13, 50 e 120
Tipologia linguística 20
Tonicidade 55 e 105
Toponímia 32
Traços arcaicos do português 32
Tradição lógico-empirista 41 e 47
Tradição racionalista platônica 41
Tradição religiosa 30
Tradições funcionalistas 50, 63, 120 e 128
Tráfico negreiro 32
Transmissão linguística irregular 31
Troca conversacional 67
Troca de línguas 30
Tupi 29, 40 e 97
Turnos de fala 22 e 70

U

Unidades discursivas 44
Uniformidade do código linguístico 17
Universais linguísticos 12
Urbanização 33, 34, 40, 78, 80, 82, 94, 122, 126, 132 e 133
Urbanização econômica e social 33 e 40

V

Varbrul 42, 43, 45, 48 e 119
Variação geográfica 13
Variação linguística 7, 19, 21, 22, 24, 44, 45, 46, 47, 76, 79 e 128
Variação livre 20 e 24
Variantes 47, 105, 109, 111 e 112
Variáveis linguísticas 45 e 132
Variáveis não linguísticas 84
Variáveis quantitativamente mensuráveis 65
Variável dependente 42, 43, 44, 47, 119 e 127
Variável independente 42, 43 e 127
Variedade alta 20
Variedade baixa 20
Variedade dialetal do português 31
Variedade padrão 14 e 18
Variedades urbanas 80
Variedade subdesenvolvida 20
Variedades geográficas 19
Variedades linguísticas 27, 76, 81 e 119
Variedades não padrão 20, 81 e 122
Variedades pidginizadas 31, 39 e 126
Variedades regionais 30, 39 e 82
Verbos ilocucionários 62
Verbos performativos 55
Vernáculos rurais 80
Visão antropológica de redes 84
Vitalidade linguística 29, 30, 39 e 119
Vocabulário 23

Z

Zonas fisiográficas 14

Índice onomástico

A

A. Dourado 40
Agheyisi e Joshua Fishman 29
Aidan Southall 33
Álvaro Ferdinando de Sousa da Silveira 14 e 16
Amadeu Amaral 13, 16 e 78
Amália Rodrigues 116
Aniceto dos Reis Gonçalves Viana 109
Antenor Nascentes 14 e 16
Anthony Naro 31, 78, 79, 83, 94, 110, 132, 133 e 137
Antônio Houaiss 15 e 107
Antônio José Chediak 14 e 16
Artur Ribeiro 116
Aryon Dall'Igna Rodrigues 14 e 16
Auguste Comte 27, 39, 41, 47 e 127

B

Benjamin Lee Whorf 10, 16 e 119
Bernardo Vasconcelos e Sousa 37
Bortoni-Ricardo, Machado e Castanheira 97
Bruner, Wood e Ross 107

C

Carlos Alberto Faraco 19, 36, 37, 38, 75, 79, 96 e 132
Celso Cunha 40 e 81
Charles Ferguson 11, 12, 16, 17, 18, 20, 24 e 119
Charles Francis Hockett 12 e 16
Cícero 34

D

Dante Lucchesi 13, 31 e 79
David Bloome e Judith Green 44
David Sankoff 42 e 78
Deborah Schiffrin 43 e 48
Dell Hymes 15, 44, 47, 48, 51, 63, 66, 73, 100, 121, 128 e 130
Djalma Cavalcante Melo 29

E

Edair Maria Gorski 79
Edward Sapir 10, 16 e 119
Einar Haugen 17, 18, 19, 20, 24, 25 e 125
Émile Durkheim 9, 15, 27, 39 e 119
Erickson e Schultz 44
Erving Goffman 12, 13, 16, 21, 22, 25, 28, 39, 49, 63, 119, 126 e 128
Esther Figueroa 13 e 23

F

Ferdinand de Saussure 9, 15, 48, 119 e 125
Ferrer Trindade 116
Francis Bacon 41 e 47
Franz Boas 10, 16 e 119

G

Garvin e Mathiot 11, 21 e 29
Gilberto Freyre 32
Giles, Bourhis e Taylor 29
Gladstone Chaves de Melo 14 e 16
Gregory Guy 78, 79, 131 e 132
Gumperz e Cook-Gumperz 22

H

Hammersley e Atkinson 65, 73 e 129
Heinrich Bunse 79
Henrietta Cedergren 42
Hildo Honório do Couto 14 e 16

I

Immanuel Kant 23
Ingedore Koch 45 e 127

J

Jacyra Andrade Mota 79
James Hughes 41 e 43
Jan-Petter Blom e John Gumperz 16
João Alves Pereira Penha 14
Joaquim Mattoso Câmara Jr. 14, 16, 80, 95, 106, 109, 111, 113, 114, 115, 116, 123, 132 e 137
John Arundel Barnes 84

John Joseph Gumperz 11, 13, 16, 21, 22, 23, 25, 28, 47, 48, 49, 50, 51, 52, 63, 84, 119, 120 e 128
John Langshaw Austin 52, 53, 54, 63, 73, 120 e 129
José Aparecido de Oliveira 38,
José Aparecido Teixeira 14 e 16
José Leite de Vasconcelos 109, 117 e 124
Joshua Fishman 21, 25, 27, 28, 29, 39, 40 e 125
Juan Sardina Mimoso 31

K
Karl Marx 27, 39 e 119
Karl Popper 42, 47 e 127
Kenneth Lee Pike 12 e 16

L
Laurentino Gomes 31
Leonard Bloomfield 11, 16, 46, 47, 48, 84, 119 e 128
Lesley Milroy 84, 94 e 122
Luiz Carlos Cagliari 75 e 79
Lytton Leite Guimarães 83

M
M.A. Costa 40
Machado de Assis 14
Manuel Said Ali Ida 15
Marcos Bagno 20, 21, 30, 48, 76, 82 e 94
Maria Cecília Mollica 48, 76, 79 e 85
Maria do Socorro Pimentel da Silva 96 e 97
Maria do Socorro Silva de Aragão 79
Maria Isaura Pereira de Queiroz 33
Maria Verúcia Souza Melo 21
Mariana Tokarnia 83
Marquês de Pombal 33 e 40
Marvin Herzog 13
Matthias Hartig 27
Maurício de Sousa 99, 100, 123 e 135
Maurício Goulart 32
Max Weber 27, 39, 51, 63 e 119
Maximiano de Sousa 116
Miram Lemle 78
Mollica e Braga 79
Muriel Saville-Troike 67

N
Naro e Scherre 31, 83 e 133
Nelson Rossi 14 e 16
Newton Sucupira 82

P
Papa Alexandre III 37
Papa Clemente XIV 33
Papa Inocêncio II 37
Paul Grice 23, 25, 57, 58, 63, 68 e 129
Penelope Eckert 45, 120 e 127
Peter Trudgill 13 e 29

R
Ralph Fasold 21, 25, 29, 39 e 125
Raymundo Faoro 37 e 38
René Descartes 41 e 47
Roman Jakobson 11, 12, 16, 29 e 39
Ruy Barbosa 32

S
Salete Flôres Castanheira 97
Sapir-Whorf 10, 11 e 119
Serafim da Silva Neto 15, 16, 31, 32, 39, 40 e 126
Shaw e Wright 29
Sílvia Lúcia Braggio 96
Silvio Edmundo Elia 15 e 32
Sinclair e Coulthard 45
Stella Maris Bortoni-Ricardo 9, 11, 13, 19, 21, 22, 23, 24, 31, 32, 33, 39, 40, 41, 42, 47, 48, 49, 50, 51, 52, 69, 70, 71, 72, 73, 75, 76, 77, 78, 80, 83, 84, 93, 94, 97, 98, 100, 101, 102, 103, 104, 106, 107, 110, 112, 113 e 114
Susan Philips 44
Suzanne Romaine 29 e 30

T
Thomas Kuhn 42, 47 e 127
Thom Huebner 12

U
Uriel Weinreich 13, 46, 51, 63, 120 e 128

V
Veruska Ribeiro Machado 97

W
Ward Goodenough 9, 16, 28, 40, 68, 100, 119 e 125
William Labov 10, 13, 23, 43, 45, 46, 47, 48, 76, 78, 79, 93, 119, 120, 122, 125 e 128

Y
Yolanda Williams 10 e 16

A autora

Stella Maris Bortoni-Ricardo é professora titular aposentada de Linguística da Universidade de Brasília (UnB), onde atuou na Faculdade de Educação (graduação e pós-graduação) e no doutorado em Linguística. Tem experiência na área de Sociolinguística, com ênfase em Educação e Linguística, atuando principalmente nos seguintes temas: letramento e formação de professores, educação em língua materna, alfabetização e Etnografia de sala de aula. Pela Editora Contexto, é autora do *Manual de sociolinguística* e *português brasileiro: a língua que falamos* e coautora dos livros *Ensino de português e sociolinguística*; *Formação do professor como agente letrador*; *Linguagem para formação em letras, educação e fonoaudiologia*; *Linguística aplicada: um caminho com diferentes acessos*; *Sociolinguística, sociolinguísticas: uma introdução* e *Variação linguística na escola*.

GRÁFICA PAYM
Tel. [11] 4392-3344
paym@graficapaym.com.br